聪明人是怎样销售的

崔小西 ◎ 著

CONGMINGREN SHI ZENYANG
XIAOSHOU DE

图书在版编目（CIP）数据

聪明人是怎样销售的/崔小西著.--上海：立信会计出版社，2016.10
（去梯言）
ISBN 978-7-5429-5215-8

Ⅰ.①聪… Ⅱ.①崔… Ⅲ.①销售－方法 Ⅳ.①F713.3

中国版本图书馆CIP数据核字(2016)第223611号

策划编辑　蔡伟莉
责任编辑　蔡伟莉
封面设计　久品轩

聪明人是怎样销售的
CONGMINGREN SHIZENYANG XIAOSHOU DE

出版发行	立信会计出版社			
地　　址	上海市中山西路2230号	邮政编码	200235	
电　　话	（021）64411389	传　　真	（021）64411325	
网　　址	www.lixinaph.com	电子邮箱	lxaph@sh163.net	
网上书店	www.shlx.net	电　　话	（021）64411071	
经　　销	各地新华书店			
印　　刷	固安县保利达印务有限公司			
开　　本	720毫米×1000毫米	1/16		
印　　张	15.5	插　　页	1	
字　　数	221千字			
版　　次	2016年10月第1版			
印　　次	2017年9月第3次			
书　　号	ISBN 978-7-5429-5215-8/F			
定　　价	36.00元			

如有印订差错，请与本社联系调换

前　言

美国亿万富翁鲍纳说："只要你拥有成功推销的能力，那你就有白手起家成为亿万富翁的可能。"这句话足以说明销售的巨大魅力和职业前景。

每个销售员都想通过自己的努力成为销售精英，从而实现自己的人生价值。世界潜能大师、效率提升专家博恩·崔西说过："一个人有多成功，事业有多大，关键是看他怎样去思考，怎样去行动。"也就是说，要想获得销售的成功，就得像聪明的业务员一样去思考，就得像聪明的业务员一样去行动。这正是本书将与各位读者一起分享的聪明人销售秘诀。

众所周知，销售是世界上接受拒绝率最高的职业，同时也是最具挑战性的职业之一。关于什么是销售，不同的人有不同的理解。有人说，销售就是推销自己；有人说，销售就是要搞定人；有人说，销售就是攻心术。事实上，作为一名销售员，销售不仅仅是卖产品，更是在考验你的人品、证实你的实力、彰显你的智慧、展现你的口才。

美国销售界的成功人士乔·吉拉德是以推销汽车为职业的，他认为，推销的要点不是在推销商品，而是在推销自己。推销自己，其实说的就是一名销售员的人格魅力。他自己就是自己的金字招牌。"客户不是购买商品，而是购买销售商品的人",不管你销售何种产品,首先得将自己销售出去。客户不喜欢滔滔不绝的说辞,更不喜欢销售人员夸大其词的欺骗式销售,而欣赏真实、自然、坦诚的建议者。销售高手都懂得在销售产品之前先把自己的魅力与美好人格展现出来,客户只有先认可你这个人,才会认可你的产品。

孙子兵法说:知己知彼,百战不殆。销售人员在推销产品的过程中,能否充分了解客户的购买心理,是促成生意成交的重要因素。顾客在成交过程中会产生一系列复杂、微妙的心理活动,包括对商品成交的数量、价格等问题的一些想法及如何与你成交、如何付款、订立什么样的支付条件等。顾客的心理对成交的数量甚至交易的成败,都有至关重要的影响。因此,优秀的销售人员都懂得对顾客的心理予以高度重视。

一个人要想在与别人的交往中取得有利地位、获得成功,离不开好的口才,而销售工作尤其如此。有人说:"销售全凭一张嘴。"这句话虽然过分夸大了口才在销售中的地位和作用,但却形象地说明了口才对销售成败的重要性。

那么,作为一名销售员,如何才能读懂客户的心?如何说客户才会听?怎样做才能抓住成交的关键?如何提升你的攻心说服力?怎样才能最大限度地开发你的销售潜能,做一个成功的、快乐的销售冠军?本书将告诉你:聪明的销售员是怎样做的。

如果你掌握了聪明人的销售技巧,你也能像乔·吉拉德、原一平那样成为销售大王。如果你现在还没有达到心中想要的目标,就要在销售技巧和销售方法上寻找问题的根源,并想办法解决它。

本书从聪明人的销售好心态、好习惯;聪明人的销售心理学、口才学;

聪明人如何开发客户、介绍产品、快速成交；聪明的销售员如何与客户交朋友等各个方面，并融合极具说服力的经典实例和销售行业成功人士销售经验的精华，对销售工作进行全面细致的剖析，在销售方法和销售技巧上作出了详细的阐释。本书不仅通俗易懂，方便实用，更能为你解惑答疑。

我们相信本书会为从事销售的朋友提供切实可行的帮助，使他们在最短的时间内将自己锤炼成销售精英，突破销售瓶颈，迅速实现他们的销售大王梦。

目 录

Chapter 01　聪明人的销售好心态　/001

　　找借口——成功路上的绊脚石　/001
　　好心态——销售路上的铺路石　/004
　　自信心——点燃销售的激情　/007
　　勇敢心——克服所有的恐惧　/011
　　责任心——彰显专业的品质　/013
　　进取心——激发成功的欲望　/016
　　恒久心——挖掘无限的潜能　/019
　　企图心——唤醒憧憬的力量　/021
　　包容心——海纳百川的胸怀　/023

Chapter 02　聪明人的销售好习惯　/026

　　不懈地销售自己　/026
　　定好销售目标　/029
　　做好销售准备　/032
　　管好销售时间　/035
　　养好销售习惯　/040
　　记好销售日记　/044

Chapter 03　聪明人的销售心理学　/ 047

顾客消费心理的十一种类型　/ 047

女性顾客的消费心理　/ 050

男性顾客的消费心理　/ 052

青年人的消费心理　/ 053

老年人的消费心理　/ 055

沉默型顾客的心理分析　/ 056

腼腆型顾客的心理分析　/ 058

慎重型顾客的心理分析　/ 060

犹豫型顾客的心理分析　/ 061

顽固型顾客的心理分析　/ 063

商量型顾客的心理分析　/ 064

交际型顾客的心理分析　/ 066

爽快型顾客的心理分析　/ 067

刻薄型顾客的心理分析　/ 068

虚荣型顾客的心理分析　/ 069

咨询型顾客的心理分析　/ 071

购买型顾客的心理分析　/ 072

磋商型顾客的心理分析　/ 073

替人跑腿的顾客，有何诉求　/ 075

寻求售后服务的顾客，有何诉求　/ 076

促销活动引来的顾客，有何诉求　/ 077

Chapter 04　聪明人的销售口才学　/ 079

约见客户时，设计好开场白　/ 079

在销售中，善于提问好处多　/ 083

开放式提问和封闭式提问 / 086

提问式销售的五种技巧 / 089

引导对方说"是" / 091

把握沟通的五大语言技巧 / 094

神奇的沟通用词转换法 / 098

别让不会说话害了你 / 105

倾听也是一门艺术 / 108

赞美要有分寸 / 111

赞"美",让女人自愿掏腰包 / 113

Chapter 05　聪明人如何开发客户 / 116

大胆地与陌生人说话 / 116

多种渠道搜寻准客户 / 119

如何锁定自己的目标客户 / 121

找一个事业的"引路人" / 123

通过"转介绍"开拓潜在客户 / 124

朋友以及朋友的朋友 / 126

如何在展览会上抓住客户 / 127

在联谊会中结识更多准客户 / 131

轻松教你客户管理 / 135

制作客户资料卡 / 136

Chapter 06　聪明人如何介绍产品 / 139

介绍产品有技巧 / 139

成为产品专家 / 141

介绍产品的 AIDA 理论 / 143

卖产品不如卖效果 /145
介绍产品时要突出卖点 /146
对销售的产品要有信心 /147
用权威的数字来说话 /149
充分调动客户的想象力 /152

Chapter 07　聪明人如何处理顾客异议 /154

客户异议的基本类型 /154
找出异议背后的真实意图 /157
判别客户异议的真伪 /159
处理客户异议的口才技巧 /161
冷静地处理客户的异议 /163
用真诚去化解客户的异议 /165
直接否定客户的异议要把握好度 /167
引导客户说出真实想法 /169
有些异议不必太当真 /171

Chapter 08　聪明人如何快速成交 /173

抓牢成交的信号 /173
反客为主促成交易 /177
运用激将法促成交易 /180
借助"第三者"影响顾客 /183
收回承诺的策略 /185
暗示的力量 /189
避重就轻，促使客户成交 /192
适当妥协，创造双赢 /195
成交后尽量避免客户反悔 /198

Chapter 09　聪明人如何回收货款　/ 202

　　精明收款十大技巧　/ 202

　　催收货款的口才基础　/ 206

　　把握催收货款的制胜因素　/ 208

　　机智应对欠款人的借口　/ 210

Chapter 10　聪明人如何与客户交朋友　/ 214

　　售后跟进服务的注意事项　/ 215

　　客户投诉的原因大盘点　/ 217

　　处理顾客投诉的技巧　/ 219

　　在售后中客户关注的问题　/ 221

　　为客户提供满意的服务　/ 223

　　与客户交朋友　/ 228

　　从竞争对手那儿抢客户　/ 230

　　与客户保持适度的距离　/ 231

Chapter 01
聪明人的销售好心态

　　心态决定命运，成功也许需要很多东西，但唯一不能缺失的就是永不倦怠的心态。

　　如果你对做业务只是凭一时的兴趣，或是以此为谋生的手段，或是把工作当成一件任务去完成，就不可能有创造性的劳动，也不可能长久。一个对工作乐在其中的人，会废寝忘食，倾注全部心血，以工作为理想，保持"实习生"的心态，达到一种为事业献身的精神境界。只有具备这种心态的人，才能在销售工作中出类拔萃。

找借口——成功路上的绊脚石

　　销售是一项压力巨大的工作。

　　在压力面前，许多销售人员，尤其是刚入行的销售人员，总是有一种逃避的心理。他们千方百计地为自己寻找一些借口，以便有一个冠冕堂皇的理由不去开展业务。

　　销售冠军之所以成为冠军，不是因为他们失败得少，而是因为他们失败得足够多，被客户拒绝的足够多，所以他们的成交量也就足够支撑他们成为销售冠军。而一般人总是会找借口，不愿意尝试失败，也就失去了成功的机会。

成功的人寻找原因，失败的人寻找借口。如果我们可以找到失败的原因并不断改进，成功就会离我们越来越近。相反地，如果我们一味地找借口为自己的失败行为开脱，成功就会离我们越来越远。

只要有心去找，借口无处不在。你做不好一件事情，完不成一项任务，有成千上万个借口在那儿响应你、声援你、支持你。你出现问题不是去积极、主动地加以解决，而是千方百计地寻找借口，以换得他人的理解和原谅，这会致使工作毫无绩效，业务荒废。

寻找借口唯一的好处，就是把属于自己的过失掩饰掉，把应该承担的责任转嫁给社会或他人，心理上得到暂时的平衡。但长此以往，因为有各种各样的借口可找，人就会疏于努力，不再想方设法争取成功，而把大量时间和精力放在如何寻找合适的借口上。

这样的人，注定只能是一事无成的失败者，注定会在自己的"借口"中堕落。下面，我们就来一一戳穿销售人员自我拒绝销售所谓的理由（其实是根本不成立的）。

1. 我没有经验

销售人员使用最多的一个借口就是没有经验。的确如此，缺少经验的确让许多人退缩。但我们也都清楚一个令人烦恼的事实：要获得经验，你就需要一份工作；而获得一份工作，你又需要经验，这就形成了一种恶性循环。说有经验就能做好销售，这是有可能的。经验越多，销售成功的可能性也就越高，但经验是积累起来的，任何人从事销售工作都是从没有经验开始的，所以没有经验不应该成为我们拒绝销售的理由，没有经验应该成为我们积极销售的动力。更重要的是，没有经验意味着你还年轻，而年轻常常是一笔财富，勇敢、胆量、本能或创造力常常可以弥补经验的不足。

2. 我害怕失败

在所有的恐惧当中，失败的恐惧对销售人员的影响最深，这种焦虑扎根于销售人员的心灵深处，让销售人员无能为力。对失败的恐惧源于过去的失败，源于销售人员不知不觉给自己灌输的不自信心理，而对销售的悲观情绪又加深了销售人员的恐惧。这种恐惧只是偶尔公开显现,但在有些时候,销售人员并没有意识到这种恐惧心理,这种恐惧被销售人员悄悄掩盖了起来。所以,销售人员绝不会承认他们在努力销售的过程中害怕失败。

为什么你目前还没有成功呢?可能是因为你深陷于可能失败的下意识中,如果属于你的成功总是从你指缝间溜走,你应该问问自己是否能够摆脱这种综合症,你是否愿意永远碌碌无为。你不应该只是担忧,而应有意识地拯救自我,坚信任何程序都是可以逆转的。即使是最强大、最有力的消极程序也是可以改变的。

日本"销售之神"原一平在23岁时远离家乡到东京打工。他在27岁时才进入明治保险公司做一名"见习销售人员"。当时他并没有被正式录用,而且当时的现实生活问题已经逼得他喘不过气来,他不吃中餐是因为没钱吃,他不搭电车是因为没钱搭。但他把"没钱吃"改为"我不吃","没钱搭"改为"我不搭",并用省下的时间去拜访客户。拖欠了7个月房租后,公园成了他的"家",长凳就是他的"床"。但他的内心在呐喊:"原一平啊,千万不能泄气;全世界独一无二的原一平啊,提起精神;拿出更大的勇气和斗志来吧,原一平是顶天立地的;原一平是绝不屈服的;原一平是永远打不倒的!干呀!我要勇敢地干下去。"正当最穷困潦倒,落魄到睡公园的时候,原一平认识了三业联合公会的理事长,他从原一平那儿投了保险,经过三业联合公会理事长的介绍,原一平很快与包括三业联合公会在内的许多公司搭上了线,获得了许多的潜在客户,从那一天开始,原一平开始走向成功。

所以,要做你最害怕的事情并且控制你的恐惧。如果你害怕销售中的某个方面,比如客户的价格拒绝,那么要想成功就需要面对它。你曾经害怕过许多事情,可一旦做起这些事来就要比你想象的容易得多。每次强迫自己做自己害怕的事情,以后这样的事情做起来就会比较容易,直到有一天你忘记了,仅仅几个月前你还在害怕做这些事。

一个销售人员能不能战胜拒绝,获得销售的成功,与他对待失败是否有一个正确的态度是密不可分的。

3. 我没有那么多精力

这是一个人们经常使用的借口。是的，任何行动都需要耗费一定的精力，尤其是心理上的精力。缺乏精力，最终导致积极性不高，这似乎会形成一个难以逃脱的恶性循环。每个人都需要有一个小小的火花来点燃自己沉睡的精力，因为我们拥有的潜在精力是巨大的。对于某些人来说，这种精力仍处在睡眠状态，等待着被激活。这就是那些获得巨大成就的人与那些失败者或是只经历一般成功的人的唯一区别。

作家海岩为人所知的作品全是大制作，其中还有些被拍成著名的电视剧，如《便衣警察》《一场风花雪月的事》《永不瞑目》《拿什么拯救你，我的爱人》《玉观音》《平淡生活》《深牢大狱》《你的生命如此多情》等。很少有人知道海岩并不是一名全职作家。他是锦江集团有限公司副总裁，锦江管理有限公司董事长、总经理，北京昆仑饭店有限公司董事长，旅游饭店业协会会长……这其中任何一个头衔，都够一般人拿出全部精力干一辈子，可是他是怎样抽出时间写出这么多引人入胜的作品呢？其"高产"足以让一个专业作家惭愧，难道上帝给予海岩的时间和精力更多吗？大家都知道不是的。

海岩向世人证明了，人所拥有的潜力是巨大的。人必须多运用这些精力，你成功的速度和程度通常与你运用的精力是成正比的。

总之，销售人员那些看似合理而有效的借口其实是站不住脚的。你可能奇怪，出自我们内心的这些借口的力量是如何强大。在我们的内心深处，好像总有一种力量让我们看不见自己失败的原因，但成功者却能够控制住这种力量，这就是优秀的销售人员之所以优秀的原因。

好心态——销售路上的铺路石

销售是一种充满渴望和梦想的职业，同时也是挑战与机遇并存的事业。

成为销售人员比较容易，但成为优秀的销售人员却没那么简单。销售工作，除了要求销售人员能够"走千山万水，说千言万语，吃千辛万苦"以外，更要求销售人员必须具备良好的心态。有了良好的心态并不见得会"赢"，但会"赢"的销售人员一定具备良好的心态。只有树立了正确的销售心态，敢于面对失败，敢于奋斗不息，敢于立即行动，才能走出一条成功的销售之路。

在日常工作中，很多销售人员总是显得对学习提高销售技巧特别有兴趣，他们存在着一种错误的观念，认为销售是一份凭技巧取胜的工作。而实际上，技巧只是一个方面，销售业绩的提升在更大程度上是由心态决定的。一个拥有积极心态的人，即使技巧平平，也一样可以取得骄人的成绩。所以说，要成为一名优秀的销售人员，最重要的是建立正确的销售心态。

世界行销大师陈安之在《超级行销》一书中曾说："态度决定一切，技巧和能力决定胜负。"不同的心态，就决定了不同的人生和结局。

成功源于心态。几乎所有优秀的销售人员都有一个共同的特点，就是具有积极的心态。他们运用积极的心态去支配自己的人生，用乐观的精神去面对销售过程中一切可能遇到的困难和险阻，从而确保自己不断地走向成功。那么，优秀的销售人员究竟要具备哪些心态呢？无论你从事哪种性质的销售工作，要达到销售业绩的巅峰，以下七种"心"是必须培养的：自信心、勇敢心、责任心、进取心、恒久心、企图心、包容心。

而现实生活中却有许多销售人员，精神空虚，以自卑的心理、失落的灵魂、失望悲观的心态和消极颓废的人生作前导，结果只能从一个失败走向另一个失败。

一个生活比较潦倒的销售人员，每天都埋怨自己"怀才不遇"，命运在捉弄他。

圣诞节前夕，家家户户张灯结彩，充满节日的热闹气氛。这位销售人员坐在公园里的一张椅子上，开始回顾往事。去年的今天，他也是孤身一人，以醉酒度过了他的圣诞节，没有新衣服，也没有新鞋子，更别谈新车子、新房子。

"唉！今年我又要穿着这双旧鞋子过圣诞节了！"，说着他准备脱掉这双旧鞋子。此时，他突然看见了一个年轻人自己滚着轮椅从他身边走过。他顿悟到："我有鞋子穿是多么幸福！他连穿鞋子的机会都没有啊！"

之后，这位销售人员以积极的心态对待每一件事，奋发图强，力争上游。数年之后，他的生活终于彻底改变了，他成了一名百万富翁。

由此可见，积极的心态与成功的关系是相辅相成的。一个总是怀着消极心态的销售人员很难得到成功的垂青。

心态是销售人员对待工作的看法和态度，它是销售人员采取一切行动的基础，也决定了销售人员用何种方式去创造自己的生活。虽然我们不能改变既定的环境，但是，有一些因素是我们能够决定的，更重要的是我们可以改变自己的心态。我们选择什么样的销售方式，选择什么样的客户，在什么样的情境中表达，这些都会影响销售的结果。要将销售工作做得有声有色，我们就要慎重对待自己的每一次选择，重视培养良好的心态，让自己的内心变得更强大，勇于迎接工作和生活中的各种挑战，使自己成为学习能力、业务能力、抗压能力超强的销售高手。

在销售过程中，平庸的销售人员居多，主要是他们的心态有问题。遇到困难，他们总是挑选容易的倒退之路。"我不行了，我还是退缩吧"，结果陷入失败的深渊。而优秀的销售人员遇到困难，仍然能够保持积极乐观的心态，用"我要！我能！""一定有办法"的意念鼓励自己，于是便能想尽办法，不断前进，直到成功。

张华和李明是同一家公司的两名销售人员。一天，他们两人同时去一家超市销售产品，张华看到这家超市已经有很多的同类产品，并且卖得相当好，利润也比自己的产品高，于是他便认为这家超市此类产品已经饱和，很难说服老板进货，即使进了货也不一定好卖。李明也看到这家超市同类产品很多，他认为这也同时证明了这家超市的此类产品销售较旺，有很大的开发潜力。李明了解到这家超市销售最好的是××品牌，自己的产品相对××品牌虽有差距，但也有着独特的优势。于是，李明用尽浑身解数说服了超市老板进货，同时针对自己的产品制定了相应的促销政策，不久这家超市成了公司的样板店。

这个故事充分说明了一个道理：只有心态积极的销售人员才会在"不可能"中发现机会，创造销售奇迹。

积极的心态可以让遇到挫折和失败的销售人员看到胜利的希望，重新振奋精神并客观冷静地分析失败的原因，从而提高自己的销售水平，从失败走向成功。而消极悲观的心态则会让销售人员沉溺于失败的强烈挫折感和自责、自卑之中，逐渐失去信心而放弃。

积极的心态与消极的心态一样，它们都能对人产生一种作用力，不过两种作用力的方向相反，但作用点相同，就是你自己。为了提升销售业绩，为了获得事业上的成功，你必须最大限度地发挥积极心态的力量，以抵制消极心态的反作用力。只要你心态积极，就能在销售过程中越战越勇，从而走上成功之路。

对于失败的销售人员来说，一旦遭遇挫折，他们就选择退缩，而且总是把挫折归结于外在的环境和别人身上，抱怨的借口和理由也是各种各样，结果他们永远是销售过程中的失败者。成功的销售人员则不同，他们敢于面对销售过程中各种各样的挫折，也不会为自己的失败找借口，而是不断找方法突破自身的局限，并且对自己的行为完全负责，由此也就获得了成功。

自信心——点燃销售的激情

自信心不足是销售人员在销售工作中较容易出现的心理问题之一。自信心不足就如同火箭的助推器燃料不足一样，飞到半空就会渐渐失去动力，最后摔落下来。销售人员如果对自己没有足够的信心，或者对自己的公司和自己所推销的商品信心不足，就会在销售中失去动力，暂缓前进。此外，没有自信，也很难感染客户，甚至会引起和增大客户的怀疑。所以，能否充满自信往往直接影响着销售的成败，可以说销售人员是否能够充满自信地进行推销，是其能否获得成功的具有先决作用的心理因素。

一般来说，导致销售人员自信心不足主要有三方面原因。

首先，对自己本身没有足够的信心。这类销售人员在从事销售工作时，常常会产生"心有余而力不足"的感觉，他们常常觉得自身条件差，怀疑自己的销售能力，认为自己不适合做销售工作，进而产生懈怠心理；或者是因为自身性格因素，在遭受一点挫折以后，产生了严重的挫败感，轻易选择放弃，而不敢继续争取。

其次，对自己所在的公司信心不足。销售人员有时候会因为对自己所在公司或者企业的实力、前景、信誉等持有怀疑态度，而不能获得应有的安全感；或者不能得到公司为自己提供的相应的环境和机遇，而对公司失去信心。这使得销售人员得不到必要的归属感和安全感，进而减少自己的工作热情，态度变得消极懈怠。

最后，对自己销售的产品信心不足。商品是销售人员与客户交易的最直接的东西，产品的好坏对销售人员的心理有很大影响。如果销售人员觉得自己销售的产品质量不高、价格太贵、与同类产品相比缺少竞争力，就会对产品失去信心。在进行推销的时候也会心中没谱，底气不足，害怕客户挑剔，害怕客户发现过多毛病而使自己丢面子。

以上因素都会对销售人员的心理产生影响，使销售人员自信不足。既然心中充满各种疑虑，内心就会不踏实，销售人员在面对客户时，就无法正常地发挥自己的潜力，就会影响销售，使其工作难以顺利进行。销售人员只有克服这种信心不足的状况，以积极的态度去进行工作，才会取得好的业绩。

王华刚进入一家保险公司，但因为该保险公司是一家中外合资的寿险公司，刚刚进入中国市场，属于起步阶段，各个方面的发展还不够完善，因此王华的内心缺少一定的安全感。他害怕公司只是自诩实力雄厚，尽管潜在市场十分广阔，但是他却不敢轻信，始终对公司抱有怀疑的态度，心里总是难以安稳下来。所以进入公司前曾经的雄心壮志渐渐都被王华丢弃了，他对待工作的热情不高。虽然公司的一切都在逐渐步入正轨，业务员也越来越多，但是王华却越来越没有自信。每次出去面见客户，他心里总是不踏实，害怕客户问起公司的情况，或表示质疑。所以他推销公司各种险种时，总是闪烁其词，很难取得客户的信任，从而导致交易失败，最后王华不得不离开公司。在他离开的1年后，该公司就得到了极大的发展，被市场广泛接受。于是王华非常后悔当初没好好工作。

王华没有认清公司的具体形势，就轻易地对公司失去信心，并且在消极心理的影响下，情绪低落、言行怯懦、消极怠工，使工作毫无建树，更加挫伤了自己的自信心，选择了离开，却错过了良好的发展机遇。这就是信心不足导致的结果。

不管在什么样的情况下，销售人员都要学会培养自己的信心，正确地认识自己所处的行业，使自己对销售工作有一个充分的了解，找到两者之间的结合点，从而发挥出自己的特长。在对公司的认知上，要真诚地与公司进行合作，努力维护公司的利益，这样既能体现出自身的价值，也可以得到公司的认可，增加自己的归属感和安全感，使自己对公司充满信心。此外，销售人员还要熟悉自己所销售的产品，掌握产品的性能、品质，分析出它的优势和劣势，以便在销售中扬长避短，赢得客户的信赖，同时也要培养自己对产品的信心。

相信自己，相信自己的公司，相信自己所销售的商品，这是销售员全心全意地投入到销售工作的首要保证。信心十足的销售员会以饱满的激情对待自己的工作和客户，并对工作中的每一个环节都全力以赴，使自己离成功越来越近。

拥有积极的心态，才会取得更好的成绩。积极来源于信心，销售人员只有对自己充满信心，对自己所在的公司和销售产品信心十足，才会在销售工作中积极地争取、执着地奋斗、勇敢地面对，充满激情和动力，这就是信心的力量。克服自信心不足的心理弱点，提高自身的心理素质，增加前进的动力，销售人员就能以积极的姿态面对工作，面对客户，并努力争取成功。

有这样一个故事，在一次世界优秀指挥家大赛的决赛中，小泽征尔按照评委会给的乐谱指挥演奏，他敏锐地发现了不和谐的声音。起初，他以为是乐队演奏出了问题，就停下来重新演奏，但还是不对。这使他坚信乐谱有问题。这时候，在场的作曲家和评委会的权威人士坚持说乐谱没有任何问题，是他搞错了。

面对一大批音乐大师和权威人士，他思考再三，最后还是斩钉截铁地大声说："不，一定是乐谱错了！"话音刚落，评委席上的评委们立即站起来，报以热烈的掌声，祝贺他大赛夺魁。

原来这竟是评委们精心设计的"圈套"，以此来检验指挥家在发现乐谱错误并遭到权威人士"否定"的情况下，还能否坚持自己正确的主张。前两位参加决赛的指挥家虽然也发现了乐谱中的错误，但终因没有能够坚持自己的意见而惨遭淘汰。小泽征尔却因充满自信而摘取了世界指挥家大赛的桂冠。

自信是对自己能力的肯定，是对自己所从事工作的信任。作为销售人员不能因为遭受一点挫折，或者对一些情况还没有进行全面了解，就轻易地下结论，觉得自己不适合做销售，觉得自己无法实现销售目标，而选择放弃，或者产生乞丐心理，认为推销是乞求，请别人、求别人帮自己办成某件事情，进而在推销时非常害怕客户提出反对意见，害怕客户对产品提出某些意见。一旦听到反对意见，甚至会认为交易将要失败。

其实，销售人员不是卑下的乞讨者，而是高尚的使者。销售人员去拜访一位顾客不是求他购买产品，而是向他介绍或推荐一种对他有用或有利的产品，就像医生上门看病一样，是给患者带来便利和实惠。因此，销售人员应该怀着使者的心态去面对客户，这样才会找出自信，看到成功的希望。

一个没有自信的人，干什么事都不容易成功。自信是成功的先决条件。只有对自己充满信心，在客户面前才会表现得落落大方，胸有成竹，你的自信才会感染、征服消费者，客户对你推销的产品才会充满信任。

勇敢心——克服所有的恐惧

每位销售人员都有这样或那样的梦想，但梦想成真者，往往不占多数，其主要原因就是缺乏一颗勇敢的心，想为而不敢为，结果一事无成。在每位销售人员的工作中，都会经历许多害怕做不到的时刻，因而他们画地为牢，裹足不前，使无限的潜能化为有限的成绩。

作为一名销售人员，请你记住一句话：成功就在你的身边，看你有没有一颗勇敢的心去采摘胜利的果实。失去金钱的人损失甚少，失去健康的人损失极多，失去勇气的人损失的是一切可能。

销售人员必须具有一颗勇敢的心。

从事销售活动的人，可以说是与"拒绝"打交道的人。在现实生活中，不会有客户见到销售人员上门来推销商品时，会笑容可掬地出门相迎说，"欢迎欢迎，您来得正好""真是雪中送炭"，随后便主动付款成交。果真如此，就用不着销售人员了。销售人员从举手敲门、客户开门、与客户的应对进退，一直到成交、告退，每一关都是荆棘丛生，没有平坦之路可走。

有人把销售工作比喻成一场战争，并引用一位在战争中失去一条腿的军官的话，来描述"看不见的敌人"的可怕："最恐怖的是眼睛看不见的敌人。跟眼睛看得见的敌人作战，心中多少有些真实感；但在密林中作战，看不见敌人，冲进去却没有抵抗，时间5分钟、10分钟过去，安静可怕得令人窒息。恐怖成了我们心中的敌人。"

销售人员也有两大敌人：看得见的敌人——竞争对手；看不见的敌人——自己。

销售人员在面对日复一日的拒绝时，如果没有顽强的斗志和必胜的信念，免不了会产生"太受打击了，我实在是坚持不下去了"的逃避思想，这就是心中看不见的敌人之一。要想战胜这种看不见的敌人，除了销售人员自己给自己鼓励外，别无良策。

销售是勇敢者才能从事的职业。

从事销售活动的人，可以说是与拒绝打交道的人。销售是向准备拒绝你的人销售产品，让无心购买东西的人购买你的产品，可想而知它的难度有多大。所以说，销售不是懦弱的人能胜任的，只有勇敢者才有希望在销售行业中建功立业，成就辉煌人生。

杰夫·荷伊芳刚刚开始做销售工作的时候，有一次，他听说百事可乐的总裁卡尔·威勒欧普将到科罗拉多大学演讲。于是，杰夫就找到为卡尔先生安排行程的人，希望对方能安排时间让他与卡尔先生会面。可是那个人告诉杰夫，总裁的行程安排得很紧凑，最多只能在演讲后的 15 分钟与杰夫碰面。

于是，在卡尔先生演讲的那天早晨，杰夫就到科罗拉多大学的礼堂外面苦等，守候这位百事可乐的总裁。

卡尔先生演讲的声音不断地从里面传来，不知过了多久，杰夫猛然惊觉，预定的时间已经到了，但是卡尔先生的演讲还没有结束，已经多讲了 5 分钟。也就是说，自己和卡尔先生会面的时间只剩下 10 分钟了。他必须当机立断，做个决定。

于是，他拿出自己的名片，在背面写下几句话，提醒卡尔先生后面还有个约会：“您下午两点半和杰夫·荷伊芳有约。”然后，他做了一次深呼吸，推开礼堂的大门，直接从中间的走道向卡尔走去。

卡尔本来还在演讲，见他走近，便停了下来。这时，杰夫把名片递给卡尔，随即转身循原路走回，还没走到门边，就听到卡尔告诉台下的听众，说自己的约会要迟到了，谢谢大家今天来听他演讲，祝大家好运。说完，他就走到外面与杰夫碰面。

此时，杰夫坐在那里，全身神经紧绷，呼吸几乎快要停止了。卡尔看看名片，接着对他说：“让我猜猜看，你就是杰夫，对吧！”于是，他们就在学校里找了一个地方，自在地畅谈了一番。

结果他们整整谈了 30 分钟。卡尔不但花费宝贵的时间告诉他许多精彩动人的故事，而且还邀杰夫到纽约去拜访他和他的工作伙伴。不过，他赐给杰夫最珍贵的东西，则是鼓励他继续发挥先前那种大无畏的勇气。卡尔说："不论在商场或任何领域，最重要的就是'勇气'。当你希望达成某件事时，就应具备采取行动的勇气，否则最后将一事无成。"

在销售过程中，销售人员第一个销售的应该是他的勇气，这是每一个从事销售工作的人都要牢记的法宝。

对销售人员来说，最需要勇气的就是敢于面对客户的拒绝。销售是一种销售自己的职业，更是一种勇敢的职业。当销售人员向别人销售产品，他们面对的不仅仅是别人，也是自己。有一些销售人员，当他们在销售过程中遭到拒绝后，往往会产生一种心理障碍，害怕再去向别人销售商品。所以，勇敢的心是非常重要的，勇气是你行动的动力。作为销售人员，应该克服自己的恐惧心理，让勇敢在你的心里生根发芽。

责任心——彰显专业的品质

在事业发展的道路上，必定要经受很多挑战。挑战既蕴含着一定的风险，又潜藏着成功的机会。面对挑战，只有勇敢地起身迎接，主动承担重大的责任，才能从中抓住成功的机会。比尔·盖茨曾经说过："如果你有很强的责任感，能够接受别人不愿意接受的工作，并且从中体会到辛劳的乐趣，那就能够克服困难，达到他人无法达到的境界，并获得应有的回报。"做到这一点固然不容易，但是作为一名销售人员必须知道这样一个事实：成就任何一番事业都不可能是轻而易举的，为了事业的发展和企业的利益勇于承担重责，这是每一个企业员工都应该尽全力做到的事情。

在一次与客户针对某些问题进行谈判的过程中，某公司的销售部经理金某由于措辞不当惹怒了客户。这位客户是一家大房地产公司的业务代表，如果不能挽回客户的好感，那么公司失去的就不仅仅是这笔交易，还将失去与这家房地产公司的很多合作。如果失去这样一位大客户，对于公司的销售总额将会造成很大的冲击，公司因此遭受的损失也不可估量。

为了重塑与这位大客户之间的友好关系，更是为了维护公司的利益，公司召开特别会议，决定派出得力人手去完成这项重任。公司的每一位部门经理及销售人员都参加了这次会议，不过每一位参加会议的人都知道，这项任务既艰难又有很大风险，因为一旦完不成，不仅根本目的实现不了，而且还会在公司留下"爱出风头"的印象。况且，要真想完成这项任务，实在是太难了。大家都清楚，因为这需要消除客户内心的强烈不满。所以重塑客户关系要比最初拓展客户更为艰难，而这项工作本身就充满了挑战，在消除客户不满的同时，还必须要进一步加强与客户之间的沟通与交流，并且达到继续与客户保持长期合作的目的。

因此，参加会议的每一个人都不敢贸然领命。当公司领导提出这项议题之后，大家都保持沉默。看到这种情形，公司总经理又意味深长地说了这样一段话："第二次世界大战中，美国最受人尊敬的军事家巴顿将军曾经指出，'在作战过程中，每一个人都必须肩负起自己应尽的责任，要到最需要你的地方去，做你必须做的事，而不能忘记自己的责任'。巴顿将军还说，'当敌人来犯时，如果有人能主动请缨完成极富挑战性的重任，并且能够尽自己全部努力完成自己肩负的重任，那么这个人就是最值得人们崇敬的真英雄。如果一个人在战场中一心想着远离前线作战，不肯为完成任务而担负风险、付出努力，那么这种人就是地道的胆小鬼，这种人永远都只能得到人们的唾弃。'"

听了总经理的话后，与会者均感到非常难堪，刚刚从公司项目部调到销售部不久的销售人员小李内心也受到了很大触动。他其实有过接受这项重任的念头，因为他在项目部的时候，曾经与那位客户在另外一个项目中进行过合作，彼此都留下了不错的印象，可是小李也有和其他人一样的顾虑，所以一直保持沉默。不过，在听到总经理的话以后，小李觉得自己不能再沉默下去了，于是他站起来主动请求接受这项重任。

就这样，在众人有些惊讶又有些不屑的目光中，小李接受了重任。后来，小李通过艰辛的努力终于赢得了客户的好评，并为公司赢得了与客户的长期合作关系，小李也逐渐由销售人员成为部门经理，后来又成为公司的销售总监。

对于销售人员来说，主动承担起具有挑战性的重任，就意味着主动将种种风险加之于自己身上，比如挑战失败的风险、工作过程中的困难与挫折等，所有的风险都可能会使自己的工作陷入困境。正因为这些风险的存在，所以很多销售人员都不愿意主动迎接那些具有挑战性的重任，甚至当公司把这样的重任放到他们身上时，他们也会想尽办法用一些不痛不痒的理由摆脱这份重任。

然而，企业中也存在这样一些销售人员，他们会积极、自觉地承担公司赋予的重任，而且还会主动为自己创造一些颇具挑战性的工作，与他们在完成这些挑战性工作、肩负重大责任的重重风险相对应，他们在完成这些工作、履行必要责任的同时，也获得了成功拓展未来事业的大好机会，而且其在承担重任过程中所积累的知识、经验和能力，又为其未来事业创造了有利条件。

那么，为什么那些勇于挑战重任的销售人员能够做到这些呢？这是因为他们在工作过程中总是具有强烈的责任意识。如果你也想做到这些，那么你同样要具有强烈的责任心，这种责任心在日常工作中主要表现为以下几点。

首先，作为销售员要担当起自己应该尽到的责任。在工作中努力尽到自己应该尽到的责任，这是每一位销售人员都应该做的事，这种对工作负责任的表现其实是对自己负责。如果一个人在自己的工作中做事拖拖拉拉、随意开小差、遇到困难就逃避，那么这个人不但是对其本职工作及所在企业不负责任，更是对自身发展缺乏责任心。如果一个销售人员对自己应该尽到的责任都逃脱回避，那么他（她）又如何去谋求未来事业的发展呢？

其次，要主动承担能尽之责。自己有能力做好的事情就不要把它留给别人，自己有能力克服的困难就不要将它推给他人，尽自己最大的努力，而不必计较这种责任是属于分内还是分外，这是责任心更高层次的体现。

最后，无论是对本公司内部的工作职责，还是对于与客户交往过程中的另外一些职责，销售人员都应当以这种认真负责的态度去对待。如果在工作中你能主动承担更多的责任，在与客户交往的过程中你能尽自己所能做得更多，那么你的收获必定也会更多。

进取心——激发成功的欲望

一切成就、一切财富都开始于同一个意念，即积极进取的意念。只有在强烈进取心的驱动下，人们才能够产生向前奋进的强劲动力。如果一个人连进取心都没有，那么这个人做任何事情都不会产生一丝一毫的积极性，更不会形成前进的动力。而销售工作充满艰辛和磨难，如果没有源源不断且足够强劲的动力促使销售人员不断采取积极的行动，那么销售人员的工作将寸步难行。

王女士原来是某国有企业的一名普通女工，1999年她所在的企业进行全面改革，也就在那一年她38岁，和一些工友一样下岗了。王女士的丈夫过去是一名合同工，1995年下岗，之后支起了一个煎饼摊，生意勉强能够维持家里的一部分开销，而王女士的工资基本也用在了孩子的教育上。王女士的下岗对于这个经济上本不宽裕的家庭来说，无疑是雪上加霜，而王女士的情绪也因此非常低落。

王女士心想，消极的思想对于自己的艰难处境没有任何益处，而且丈夫也告诉她，要想使自己的生活和心情变好，那就必须要以一种积极进取的心态来面对眼前的一切。渐渐地，王女士的思想变得积极起来，她还告诉周围的亲朋好友，说自己现在迫切需要改变自己和家人的处境。事实上，王女士也有这样的条件，她过去在国有企业时是一名业务骨干，具有很好的人脉资源。

后来，她在朋友的介绍下进入一家民营企业做了一位销售人员。在加入到这支销售队伍之后，王女士的情绪发生了明显的变化，她开始变得积极热情起来。见到朋友时常常滔滔不绝地介绍她的产品，与她有过接触的很多人都能够从她身上感受到一种发自内心的对成功的强烈渴望。

其实王女士的成功欲望非常简单，就是希望上初中的孩子以后能够上好的高中、大学，还有就是能够拥有一辆不错的汽车，这样可以方便家人出行。王女士要实现这个心愿就必须努力工作、做出业绩，所以自加入销售行列之日起，她就经常到朋友那里推销，并希望朋友给她介绍更多的客户。

这时的王女士已经完全摆脱了以前的沮丧，进入了一种十分积极勤奋的状态。她的这种对成功的强烈渴望成为她以后创造高业绩的强劲动力。

进取心是一种对于自己所向往目标的强烈愿望。销售人员的进取心从大的方面来讲，可以说是一种对于自身销售事业取得成功的强烈愿望，而从小的方面来讲，则是指在销售人员在每一次具体的销售活动当中对于销售取得成功的强烈愿望。

也许一些销售人员看到这里时，心里会不屑地想："谁不希望自己成功？不仅仅是销售人员，任何一个行业的人，有谁又会希望自己失败呢？"诚然，任何一位销售人员都会期待自己的销售事业不断取得更大进步，都会希望自己的每一次销售活动能够实现交易的成功。可是，这种平常意义上的期待与希望并不能代表进取心，只有当销售人员对于自己的销售事业及具体的销售活动具有强烈的成功欲望时，才能激发自己的进取心，进而才有可能产生积极进取的前进动力。

还有一些销售人员提出质疑，对于成功的强烈渴望难道还不容易有吗？要做到这一点很容易，可是即使拥有了强烈的成功欲望，我们又当如何将这种欲望转化为前进的动力呢？其实，对于成功的强烈欲望也并不是每一位销售人员与生俱来的，也需要培养，而要想让这种欲望转化为前进的动力，同样需要一定的努力。为此，一些销售心理学家建议，销售人员做好以下几点，将有助于自己在工作中具有更加强劲和持久的驱动力。

首先，以更为实质性的事物来激发自己成功的欲望。任何销售人员的脱颖而出，都源自于对成功的强烈欲望。这种欲望最初的出发点很可能是对金钱或者物质的欲望，即销售多少产品以后能获得多少物质收获，以便使其个人生活和家庭生活变得更加美满幸福。这种成功的欲望正是促使销售人员不断向前的动力。而如果以一些虚无缥缈、缺乏实际意义的事物来作为销售人员的出发点，那么销售人员的成功欲望就很难被激发出来，因此前进的动力也就无法形成。

因此，销售人员不妨在实际生活与工作中以更为实质性的事物来激发自己的成功欲望，比如以一定数额的提成或销售业绩的排名作为出发点，一步一步地激发自己的成功欲望，之后再确定更为远大的奋斗目标。

其次，尽可能地在工作中充满激情。在日常的销售活动中，销售人员是否投入足够的激情对于具体的销售业绩是有很大影响的。那些缺乏激情的销售人员往往很难形成对成功的渴望，即使这些销售人员渴望成功，他们内心的那种渴望也不会十分强烈，更难以持久。而那些充满激情的销售人员则能够更加积极地形成对成功的强烈渴望，而且这种渴望一旦形成，便会在激情的浇铸之下长久保持。成功的销售人员必定是充满激情的。激情是生命力的象征，有了激情，才有灵感的火花，才有鲜明的个性，才有人际关系中的强烈感染力，也才有解决问题的魄力和方法。激情还是动力的源泉，即使你是一个成功欲望较强的销售人员，而如果你的潜意识里缺少激情，那么你就不会采取真正有效的行动。

没有激情就无法兴奋，就不可能全心全意地投入工作，就不可能创造性地解决工作中的难题，更不可能有不断向前迈进的力量和勇气。可以断言，缺乏激情的销售人员是很难在工作中创造出色业绩的，而那些取得巨大成功的销售人员总是能够将潜意识里的激情和信念变成超意识的决定和行动来达成目标。销售工作需要激情，成功的欲望需要激情来浇灌，出色的业绩要靠激情来创造。因此，销售人员在工作中必须要尽可能的充满激情。

恒久心——挖掘无限的潜能

做事浮躁，没有恒心也是销售人员在工作中最容易出现的心理问题。销售工作面对的客户群是十分广泛的，销售人员会碰到各种各样的人，有的很随和，有的很挑剔，有的只是看看，有的却是真心购买。因此，前来光顾的人比较多，最终成交的却没有几个，这是很正常的现象。不可能每一位光顾的客户都会毫不犹豫地购买你的产品。而销售人员的工作就是在所有可能购买的客户中争取更多的客户来实现交易，这也是销售工作极具挑战性的一点，既会吸引有志之士，也会吓退无志之人。在销售工作中，销售人员不可能不遭到客户的拒绝，即使这样，销售人员也应该毫不气馁地继续争取，争取，再争取。如果稍微遭受不顺就失去恒心，轻易放弃，那么客户只会越来越少。

没有恒心，"三天打鱼，两天晒网"，或者浅尝辄止、半途而废，都难以在工作中取得成功。想要取得不菲的成绩，或者成就不凡的事业，没有持之以恒的精神是不行的，没有任何一个喜欢半途而废的人能够获得伟大的成就。就像挖井取水，虽然地址选对了，但有的人挖了3米就不再挖下去，而轻易下结论说"此地无水"，选择了离开；有的人挖了5米，也渐渐失去了耐心，觉得是挖不出水的，也选择了放弃；而有的人却坚持不懈，一鼓作气地挖下去，挖到6米的时候，就看到了汩汩涌出的泉水。只要再坚持一会儿，再挖几米就能挖到水了，但是一部分人选择了半途而废，最终失败了。其实，有时候成功与失败，杰出与平庸之间就差那么一点点的距离，有恒心，能够坚持到最后，就会取得胜利。

持之以恒是通向成功必备的品质，面对困难永不放弃是销售人员应该具备的良好的心理素质。但是不少销售人员在工作中却缺乏恒心，遇到困难和问题就会轻易退却，从而阻断了自己走向成功的道路。有的销售人员听到客户说"容我再考虑考虑"的话语时，就觉得销售没戏，便放弃了继续推销的想法；有的销售人员在面对客户的苛刻要求时，认为客户是在有意地为难自己，便放弃了继续谈判；有的销售人员做过一段时间以后，发现业绩一直没有提高，便失望气馁，放弃继续努力，甚至认为自己不适合做销售，最终选择离职。这都是销售人员缺乏恒心的典型表现，缺乏恒心导致销售人员在工作中失去了坚持的精神，产生消极的心理，轻易选择放弃。这对销售人员的近期和长远发展都是很不利的，值得销售人员进行反思并努力改正。

李娟是某知名品牌化妆品的推销员，有一天，她去一位女士家中推销一种新产品。她向这位女士介绍说，这是新上市的一种产品，保湿和美白的效果都非常好。由于是新产品，该女士有些怀疑，但还是很有兴趣地请推销员拿给她看看。

女士边看边问李娟："效果真的很好吗？里面会不会含有激素啊？"

"这种产品都是纯天然制剂，不含任何的人工激素，您可以放心使用。"

"我可以试一下吗？"

"当然可以啦。"

李娟让女士在手背上试了一试，并问感觉怎么样。

女士说："我感觉效果不是很明显啊！感觉有些干燥，是不是保湿效果不好啊？"

李娟赶紧解释说："这种产品保湿是很专业的，绝对没有问题，而且它还具有很好的补水作用，对于干性皮肤更加适用。"

女士还是表示怀疑："既然是新产品，我怎么会知道会不会长期有效呢？"

李娟说："这个您尽管放心，这都是大公司的优质产品，质量您不必怀疑，很多客户使用后都反映效果很不错，而且现在它的销量也是很好的。"

女士说："我觉得还是不太适合我，让我再考虑考虑。"

一番努力之后，李娟觉得客户并不是真心购买，而是有意为难自己，于是便心生倦意，放弃了继续争取的打算，对客户说："那真是太可惜了，对不起，打扰您了，希望下次的新产品能够适合您。"

李娟的中途放弃使交易最终失败。其实客户越是刨根问底，越是表明她对产品感兴趣，而且购买的可能性越大，毕竟客户希望新产品能够让自己"买得放心"，所以要求苛刻也是很正常的。这时候选择放弃，则会最终失去最有潜力的客户。如果李娟能够再坚持一下，鼓励客户尝试，客户就会被她说服，但是她缺乏恒心，关键时刻放弃，最终使交易半途而废。

因此，销售人员一定要克服浮躁的心理，改变缺乏恒心的缺点，培养坚强的毅力，做事持之以恒，坚持到底。在推销过程中不要操之过急，要有耐心，努力争取潜在的客户。同时要学会激励和鞭策自己，增强自己坚持的动力，日积月累，最终会获得出色的成绩。在多次的销售中要坚持到底，在整个销售生涯中也要持之以恒。销售工作最需要的是经验，而经验都是在日积月累中慢慢获得的，没有恒心是无法学到的。只有持之以恒，披荆斩棘，才能最终走向成功。

著名的哲学家康德曾经说过这样的话："我已经给自己创造了道路，我将坚定不移。既然我已经踏上了这条道路，那么任何东西都不能妨碍我沿着这条路走下去。"这句话对于销售人员亦不无启迪。既然自己选择了销售工作，就应该毫不动摇地坚持下去，即使经受再多的困难和阻，也不能轻言放弃。想要成为优秀的销售人员，就一定要具有持之以恒的品质。

挫折和失败是销售工作中的家常便饭，销售人员需要有很好的心理素质，失败后不要轻易走开，而是在跌倒处站起来继续争取，不断地积累经验教训，培养自己的恒心和意志，在优胜劣汰的激烈竞争中，不断进步，最终成为大浪过后留下来的闪光金子。

企图心——唤醒憧憬的力量

一个不想赚大钱的销售人员一般都创造不出良好的业绩。业绩的好坏，取决于一名销售员是否拥有强烈的企图心。

强烈的企图心就是对成功的强烈企盼，没有强烈的企图心就不会有足够的决心。成功的销售员都有必胜的决心，都有强烈的成功欲望。成功的欲望源自于你对财富的渴望，对自我价值实现的追求。

闻名遐迩的香港巨富李嘉诚在年轻时，曾在塑胶裤带公司做过销售人员。当时，塑胶裤带公司有7名销售人员，数李嘉诚最年轻，资历最浅。显而易见，这是一种不在同一条起跑线上的竞争，是一种劣势条件下的不平等的竞争。

李嘉诚心高气傲，他不想输于他人，他给自己定下目标：3个月，干得和别的销售人员一样出色；半年后，超过他们。李嘉诚就是有这样强烈的企图心，才会去拼搏。

每天一大早，李嘉诚都要背一个装有样品的大包出发，乘巴士或坐渡轮，马不停蹄地走街串巷去做销售。别人做8个小时，他就做16个小时。

李嘉诚做任何事，都会有强烈的必胜欲望。他不属那种身强体壮的人，更像一个文弱书生，背着大包四处奔波，实在勉为其难。幸好他做过一年茶楼跑堂，拎着大茶壶，一天10多个小时来回跑，练就了腿功和毅力。他在茶楼养成了观察人的习惯，做销售正好派上用场。他在与客户交往时，不忘察言观色，判断成交的可能性有多大，自己还该做什么努力。

做好一名销售人员，要有强烈的企图心——李嘉诚对此有深切的体会。也正是因为如此，他才会后来者居上，销售额不仅在所有销售人员中遥遥领先，还是第二名的7倍多！

李嘉诚做事，从来是不做则已，要做就做到最好。不是完成自己的本职工作就算了，而是在本职工作内干出非凡的业绩的同时，还利用销售行业的特点，捕捉大量的信息。他注重在销售过程中搜集市场信息，并从报刊资料和四面八方的朋友口中了解塑胶制品在国际市场的产销状况。经过调研之后，李嘉诚把香港划分成许多区域，把每个区域的消费水平和市场行情，都详细记在本子上。他对哪种产品该到哪个区域销售，销量应该是多少都胸有成竹。

李嘉诚经过详细分析，得出了自己的结论，然后建议老板该上什么产品，该压缩什么产品的批量。他协助老板以销促产，使塑胶裤带公司生机盎然，生意一派红火。

就这样，一年后，李嘉诚被升为部门经理，统管产品销售。这一年，李嘉诚年仅18岁。两年后，他又晋升为总经理，全盘负责日常事务。李嘉诚逐渐成为塑胶裤带公司的"台柱子"，成为高收入的打工仔，是同龄人中的佼佼者。他20岁刚出头，就升到了打工族的最高位置，确实令人羡慕。而这一切都要源于他强烈的成功欲望。

由此可见，一个人从贫穷到富有的最好途径之一是做销售。因为干这行不需要你有很高的学历、雄厚的资金、出众的相貌，也不需要你拥有很多的专业知识和专业技能，它只需要你有强烈的企图心。你只要有必胜的信念，能把东西卖出去，你就能赚钱。

所以说，销售是当今社会迅速创业的最重要途径。世界上许多大企业家都是从做销售起家的，如松下幸之助、艾柯卡、曾宪梓、王永庆、金宇中——美国500家大公司的高级主管中，许多人年轻时都从事过销售工作。正如美国亿万富翁鲍纳所说："只要你拥有成功销售的能力，那你就能白手起家成为亿万富翁。"在销售中，你利用别人的商品、资金和渠道，建立关系、储蓄资本、积累经验、蓄势待发，一旦时机成熟，就可开辟自己的天地。

渴望成功对销售人员来说，很大程度上就是对高薪有着强烈的渴望，取得一点成绩就满足的人是不适合做销售的。销售是一个压力很大的职业，销售人员将不断地遭受拒绝与失败，如果没有强烈的成功欲望和企图心，就无法激发起突破重重障碍的雄心。

包容心——海纳百川的胸怀

在销售过程中，难免会出现一些不理解和误会，销售人员具备包容心，会使双方互相包容，将销售过程中所谓利益争夺战转化成轻松的交谈，在和谐的气氛中达成交易。

客户的性格不同，人生观、世界观、价值观也不同。即使某位客户在生活中不太可能成为朋友，但在工作中他是你的客户，你甚至要比对待朋友还要好地去对待他，因为这就是你的工作。所以说，销售人员要有很强的包容心，包容别人的一些挑剔，包容别人的一些无理。因为客户有的时候就是喜欢挑三拣四，斤斤计较，甚至有点胡搅蛮缠，什么样的情况都会有。

不管客户如何抱怨、挑剔、指责，我们都要包容和接受客户的建议。我们不怕客户有建议，最怕就是客户不提建议，根本就不关心我们工作的好坏、产品的好坏。如果大多数客户不理我们，那么我们的企业就离倒闭不远了，销售人员也离失业不远了。只有让他们对我们充满信心，不断地提出宝贵的建议，我们才能做得更好。所以我们要真诚地对待客户，包容客户，感谢客户，并理解客户的良苦用心。

一位新上任的商场经理，对连续3个月销售排名第一的一位销售人员感到非常不解。据好多人讲，这位女销售员其貌不扬，也不善于言谈，可她铺位的鞋销售得非常好，销售额已经连续3个月在40个铺位中蝉联第一。全商场都是鞋，一个既不善于言谈，也并不太靓丽的销售小姐，顾客为何垂青于她？

对于这个疑问，经理想弄个明白。于是，他前去观察。看后，他终于明白了其中的道理：这位女销售员主要经营女士的鞋，女士买鞋总是喜欢试来试去，这位销售员不厌其烦，还建议顾客再多试几双。"没关系，多试几款，总有一款适合你！"面对顾客的挑剔——颜色不好、款式难看、做工粗糙，她总是面带微笑说："要不再试一试这双！"所以，顾客一直试下去，直到满意为止。即使顾客试了几双，确实没有合适的，表示不买，这位销售员还会面带微笑说："没关系，欢迎下次再来！"

而其他铺位的销售人员在顾客试过三款之后往往就非常不耐烦了，要么开始极力销售，要么表现出不耐烦"就这几款，只是颜色不同"；要么就是"您最好快点，我那还有顾客呢"；要么就是"这个价格，还能有多好的做工，有做工好的，价格高，您要吗"。作为顾客，谁不想"物美价廉"，你说价格高顾客会要吗？

正是凭借着这种对顾客的包容，这位销售人员才赢得了顾客，实现了良好的销售业绩。

大千世界，无奇不有，各种类型的客户都有。但是客户是上帝，上帝有挑剔和选择的权利。有时候上帝的脾气古怪，有时候做事不可理喻，但他是上帝，所以有这样的权力。你要做的事情不是去埋怨上帝为什么这么不通人情，而是用自己的技巧去赢得上帝的欢心。

客户中有的对公司挑剔，有的对产品挑剔，有的对人挑剔，有的说价格高了，有的说产品差了，有的说送货晚了，有的说服务不周到。这些都是销售人员会不断遇到的问题。不管你的企业做得多么优秀，产品如何好，总会有不满意的客户。而作为一名优秀的销售人员，他必须勇敢地面对这些问题，用包容的心态去接纳客户，并且及时提供解决方案。所以，艰巨的销售工作造就了销售人员的包容和应变能力。他们会对不同性格、不同年龄、不同性别、不同文化、不同要求的客户采取不一样的解决方法。最后让客户买得放心、买得高兴。总之，只要销售人员多一点宽容，多一分理解，也就加大了成交的机会。否则，将会被挡在通往成功的道路上，直至被击倒。

销售人员要包容客户的无知、挑剔，甚至是无理，对客户要有认真负责的态度，充分考虑到他们的利益和难处，不能因为客户缺乏知识或缺乏常识而表现出不耐烦。同时，对待客户要真诚，要给予适当的情感尊重，对于客户的为难、抱怨等要给予理解，并予以正面引导。

Chapter 02
聪明人的销售好习惯

美国销售界的成功人士乔·吉拉德是以推销汽车为职业的。他认为，推销的要点不是在推销商品，而是在推销自己。

推销自己包括推销自己的人品、观念等，而这些内在的品质是通过你平时的言行习惯表现出来的。因此，销售的好习惯价值百万。

这正如哲人所说："优秀是一种习惯。"当销售人员养成了优秀的工作习惯，创造卓越的业绩就有了坚实的基础。

不懈地销售自己

在销售过程中，有的销售人员一见到客户就迫不及待地向客户介绍商品，这样的做法反而会引起客户的防卫。客户第一个接触的是销售人员，如果销售人员跟客户说他的产品的品质、产品的服务、产品的价值是一流的，而销售人员本身是三流的，客户会认为你的产品是一流的吗？当然不会。

销售的要点首先是销售自己，以自身作销售，自己就是自己的金字招牌。"客户不是购买商品，而是购买销售商品的人"，不管你销售何种产品，首先将自己销售出去。客户不喜欢滔滔不绝的说辞，更不喜欢销售人员夸大其词的欺骗式销售，而欣赏真实、自然、坦诚的建议者。销售高手都懂得首先把自己的魅力与美好人格销售出去，都不忘"先销售自己"。

最初的乔·吉拉德并不如意，一直到 1963 年，乔·吉拉德 35 岁生日之时，他还是个彻头彻尾的失败者——换过若干个工作仍一事无成。他曾患有相当严重的口吃，间接导致了他的失败，也曾影响到他的自信心。当时，他的建筑生意失败，身负巨额债务，几乎走投无路。为了改变困窘的状态，他不得不去底特律一家大的汽车经销商店，寻求到一份销售工作。

经理哈雷起初表现得很不愿意，他对 35 岁的乔·吉拉德并没有信心。他问的第一句话是："你曾经销售过汽车吗？"

"没有。"乔·吉拉德如实回答。

"你凭什么认为你能胜任这项工作？"

"虽然我没有卖过汽车，但我销售过其他的东西：报纸、鞋油、房屋、食品，实际上，我觉得人们真正买的是我，我一直在销售自己，哈雷先生。"

"你从来没有销售过汽车，所以没这方面的经验，而我们需要的是一个有经验的销售业务员。况且，现在正是汽车销售的旺季，假如我雇用你，你卖不出汽车，却要领一份薪水，公司是不会同意的。"

"哈雷先生，假如您不雇用我，您将犯下一生中最大的错误。我不要暖气房间，我只要一张桌子和一部电话，两个月内我将打破你最佳销售业务员的纪录，就这样约定。"

乔·吉拉德就这样迎来了人生的一个巨大转折。

从一张积满了灰尘的桌子和一本电话簿开始，两个月后，乔·吉拉德的业绩超越了公司中所有销售业务员，并偿还了数万美元的外债。他终于从失败的阴影中走出，并最终成了世界上伟大的销售业务员之一。

乔·吉拉德认为，销售的要点是，并非销售产品，而是销售自己："事实上，凡是向你买东西的人，买的都是你自己。"

他被《吉尼斯世界纪录大全》列为世界上最伟大的销售业务员。当初，为了核实他的业绩，吉尼斯的工作人员要给那些从他手里买车的客户打电话，那些工作人员开玩笑说："最好别让我们发现你的车是卖给出租汽车公司的。"

他们打电话给这些人，问他们是谁把车卖给他们的。令人惊异的是，他们脱口而出，所有人的答案都是"乔"，就像乔是他们认识多年的好友。

正是由于坚持不懈地销售自己，乔·吉拉德才以每天卖出6辆车的辉煌业绩，远远超过汽车销售业务员每周卖出5辆车的平均纪录，最终入选《吉尼斯世界纪录大全》，被尊为"世界上最伟大的销售人员"，从而成为一个享誉世界的人。乔·吉拉德的成功之路平坦而宽阔，因为他卖的是全世界最好的产品——独一无二的乔·吉拉德。

在电信业中有这样一个实际案例。

一位女销售人员在得到需求信息时发现，她得到的信息比较晚，在她之前用户已经接触了很多家厂商。为了打动略显刻板的客户，这位销售人员对客户的资料进行了充分的分析，发现这位客户与其瘫痪的妻子之间有着非常深厚的感情。但因为在日常的生活中，需要同时肩负家庭和事业的双重责任，所以身心倍感疲惫。在了解到这一情况之后，这位销售人员便以公司的名义送给客户一个微波炉，满足了这位客户经常无法回家做饭的苦恼。这令客户非常感动，这也为双方的合作打下了良好的基础。

在客户未接受你之前，你与他们谈论产品、销售，他们本能的反应就是推诿、拒绝，让你及早离开。正如勃依斯公司总裁海罗德所说："只有留给人们良好的印象，你才能开始第二步。"客户之所以从你那里购买或与你成交，是因为他们喜欢你，信任你，尊重你。向客户销售产品前先销售自己，就是让客户喜欢你，信任你，接受你。

销售的根本在销售自己，在客户对你产生信任的时候，你就成功了。诚实、有责任感、心态良好是一名优秀销售人员的必备素质。客户不可能与他不信任的人交流，销售技巧、广告、宣传、售后服务，这些都是赢得客户信赖的一种途径，但所有的基础都源自于销售人员内心的诚实与积极态度。所有的销售高手都是先销售自己，再销售产品。在你能成功地把产品销售给客户之前，你必须把自己先销售给别人；而要能成功地把自己销售给别人，必须先把自己百分之百地销售给自己。

只要你愿意从现在开始为自己定下具体可行的销售目标，做好充分的销售准备、培养良好的销售习惯、合理地安排自己的时间，不断尝试，不断行动，不停止地付出，在最短的时间内采取最大量的行动，成功就一定指日可待。

定好销售目标

作为一名销售人员，不但要选对目标，更重要的是目标要与行动结伴同行。

销售工作以业绩论成败。销售人员都会面临着很多的挫折、拒绝与暂时没有成交。每天，我们都要问问自己的目标是什么？我们今天将会用什么样的方式去更加靠近它？在行为上，我们有没有可以调整的地方？

据研究发现，每一个行业中顶尖的 20% 销售人员对他们的一生，对他们的工作都设定了明确清晰的目标，并且他们努力朝着目标前进。反过来说那些 80% 的销售人员，那些在挣扎中度日的销售人员，他们的共同特质则是没有设定工作目标，是没有方向的忙碌者。所以，为了训练自己成为优秀的销售人员，你必须每天早上确认自己的目标，分析当天所有的工作活动，计划从早到晚需要做的每一件事，该采取的每一个步骤，以维持自己高水准的业绩表现。

成功的销售人员都有明确的目标和计划，他们总是在不断地调整自己的目标，制定相应的计划，并严格按计划办事。日本保险业的销售大王原一平，给自己的目标和计划就是每天拜访 20 个客户，如果哪天没有达到，他就一定不吃饭也要坚持晚上出去。他就是凭着这种坚韧不拔的精神，成为顶尖的销售大王。

中国教育电视台"保险英雄"栏目的主持人于文博，最初只是保险公司的一名普通销售人员。因为工作非常努力，他从老师到保险员，从保险员到节目主持人，一步一步地成长起来。在成长过程中，他曾经一度想放弃。但是他妻子对他说："从事保险工作是你一生的承诺，我不相信你的承诺就这么终止。"

为了忠实于自己的承诺，于文博只好硬着头皮继续干。他重新树立目标，当年就创造出湖北省最佳业绩。于文博在开始的时候，第一天拜访二十家客户，第二天拜访了七八家客户，第三天拜访了三四家客户，第四天不敢再去拜访了。因为陌生感给他带来了巨大的恐惧。最后出于对目标的忠诚，他参考了泰国保险大师庄忠鹏的办法，每天早上放20个硬币，每拜访一个顾客就翻转一个硬币，必须把这20个硬币全部翻转后才能回家。

有时候，直到晚上十一二点，没有翻过来的硬币还有五六个，怎么办？很多人可能会想：很晚了，明天再做吧。但是于文博不是这样，只要还差一个客户没有拜访，他就不回家。他跑到肯德基、KTV，跑到一切还有人在的地方继续奋斗。这样，有时候要到凌晨三点钟，他才能回家睡一个安稳觉。一个月下来，他拿到了6 000张名片，经过慢慢梳理，有效选择，他的业绩慢慢地创造出来。

销售人员要为实现目标而工作。销售的准则就是：制定销售计划，然后按照计划去销售。销售人员每次拜访客户，都要明白，自己拜访客户的目标是什么？如何去做，才能实现目标？

当你设定了明确的目标，你把它深植在潜意识中，你对自己的销售工作就会有正面积极的态度，努力完成目标。明确的目标永远是自我激励的原动力，当你面对销售失败或挫折的时候，没有什么比你自己的理想更能激励你勇往直前的。

汽车销售人员约翰为销售忘我地工作了3年，成绩也还算不错，只是最近一段时间有一种强烈的不安之感。

"难道我就这样继续生活吗？销售人员的生涯能够保障我的未来吗？"

销售人员的实际成绩是与其意志的强弱成正比的。如果总是认为自己"不行"，那么，"不行"就会成为现实。

"什么？我就不信在今后2个月中，销售额达不到10万元！这个目标也不是很多啊。"如果能下定这样的决心，那也就一定能成为现实。

已经是年终了，可是约翰先生在这些天的销售额却仍旧是零，就在这天回家途中，他在田间小路上对天发誓："坚持，坚持，一定要坚持到底！否则我的目标就要泡汤了。"正是出于这种对目标的自我激励和坚定不移的信念，到最后的期限时，约翰先生竟一口气销售出5辆汽车。就此，有人向他询问："您提高销售业绩的窍门是什么？"

"用红铅笔把销售目标醒目地写在笔记本或纸条上，贴在厕所、枕边、饭桌上，使自己得以时时刻刻感受到它的压力。"

明确的目标是一位销售人员自我激励的关键，也是一把使他能够充分发挥自己潜在能力的钥匙。所以，你必须为自己设定、引导、激励你每天努力工作的目标。

销售人员定目标时，应注意以下七点。

（1）目标不能定太高，否则无法实现，就易有挫折感，势必影响斗志、情绪低落。

（2）制定目标要先定下可行的目标，然后分成若干步骤和阶段，做好具体的行动计划，拾级而上，自然步步高升。

（3）等计划定好之后，接着就依计划去开展工作。在开展工作过程中，要不断回头验收成果，看自己的所作所为与计划是否一致。

（4）销售人员根据行动计划来核对自己的工作状况，查看每天的销售方向是否有误。

（5）通常每月、每周、每日的计划是固定的，行动计划却会因公司各个时期的营业方针或政策有所改变。

（6）当工作一件件接踵而来时，最好能及时处理掉。

（7）一定要坚持，不能半途而废，哪怕是完成不了也不能轻易放弃。

总之，销售之前设定目标是销售人员成功方法之一，因为有了目标就有动力，有了动力就会产生对成功的渴望。

成功的销售人员永远有目标作导向，他们有着非常明确的目标，他们非常详细地规划他们的行动，他们会把目标做成详细的计划。所以说，如何拟订明确的目标和详细计划，以及让你的潜意识帮助你达成这一目标，是成为成功销售人员非常重要的一个因素。在销售的过程中，销售人员一定要学会确立切实可行的目标，并努力去实现，在实现的过程中，要不断地进行修正和树立新的目标。切忌树立的目标过于远大或者是与自己的能力相距甚远。

做好销售准备

古人云："凡事预则立，不预则废。"做好销售前的准备工作，是我们进行成功销售的前提和基础。美国保险业顶尖销售高手弗兰克·贝格平均每星期总要花上半天的时间来做计划，每次亦花一个小时来准备。在没有做好计划，完成准备之前，绝对不会出门去做保险业务。不要以为这是浪费时间，磨刀不误砍柴工，正是因为有了完善的计划与准备，才能使他保持长久成功。

作为一名销售人员，在拜访客户时，通常在前一天的晚上就要做好心理准备，设计访问的方式以及预期访问的效果。然而，有时出门却常常会忘记带最不引人注意又最为重要的东西。出门前没有注意到，直到与客户谈好生意，要签合同时才发现，没有合同书，或钢笔没有墨水。对于一个作风严谨的企业管理者来说，面对这种情况时选择取消与你的这笔生意是很有可能的，因为他可能把你的行为看成是你的企业管理的质量低下，销售人员去谈生意不带合同书、质量证书——这不只是一个笑话，对于销售工作来说，它还是一次相当重大的责任事故。

可见，销售之前，没有充分做好计划和准备工作是不可想象的。作为一名销售人员，谁是你的顾客，他住在哪里，做什么工作，有什么爱好，你如何去接触他——这所有的问题，都必须事先了解清楚。你还要了解行业，了解竞争对手，了解自己的短期目标和长期目标。有计划、有准备才能取得最后的胜利。

杰克在一家大型公司做销售人员，他的每一次销售都非常成功。这不仅仅是因为他具有丰富的产品知识，关键是每次在拜访前,他都做了充分的准备，对客户的需要非常了解。在拜访客户以前，杰克总是掌握了客户的一些基本资料。杰克常常以打电话的方式先和客户约定拜访的时间。

今天是星期四，下午4点刚过，杰克精神抖擞地走进办公室。他今年35岁，深蓝色的西装上看不到一丝的皱褶，浑身上下充满朝气。

杰克从上午7:00开始，就开始了一天的工作。他除了吃饭的时间，始终没有停过。5:30杰克有一个约会。为了利用4:00~5:30这段时间，杰克便打电话，和客户约定拜访的时间，以便为下星期的销售拜访预做安排。

打完电话，杰克拿出数十张卡片，卡片上记载着客户的姓名、职业、地址、电话号码等资料以及资料的来源。卡片上的客户都居住在市内东北方向的商业区内。

杰克选择客户的标准包括客户的年收入、职业、年龄、生活方式和嗜好。

杰克的客户来源有三种：一是现有的顾客提供的新客户的资料；二是杰克从报刊上的人物报道中收集的资料；三是从职业分类上寻找客户。

在拜访客户以前，杰克一定要先弄清楚客户的姓名。例如，想拜访某公司的执行副总裁，但不知道他的姓名，杰克会打电话到该公司，向总机人员或公关人员请教副总裁的姓名。知道了姓名以后，杰克才进行下一步的销售活动。

杰克拜访客户是有计划的。他把一天当中所要拜访的客户都选定在某一区域之内，这样可以减少来回奔波的时间。根据杰克的经验，利用45分钟的时间做拜访前的电话联系，即可在某一区域内选定足够的客户供一天拜访之用。

正是因为杰克准备充足，所以每一次营销都非常成功。

销售人员真正和客户面对面的时间是非常有限的，即使你有时间，客户也不会有太多的时间，实际上大多数时间是用在准备工作上。做好准备工作，能让你最有效地拜访客户；能让你在销售前了解客户的状况；帮助你迅速掌握销售重点；节约宝贵的时间；计划出可行、有效的销售计划。

销售准备是至关重要的，销售准备的好坏直接关系到销售活动的成败。一般而言，销售准备主要包括以下几个方面。

（1）物品准备。台湾企业界流传的一句话是"销售工具犹如侠士之剑"。凡是能促进销售的资料，销售人员都要带上。物品准备包括：产品样品、公司及产品资料、报价单、合同书、名片、小礼品等。这些物品内容可以统称为拜访包，访前必须对拜访包进行仔细检查，以防遗漏必用物品。

（2）信息准备。主要是客户方面的信息，同时还包括竞争产品方面的信息，知己知彼，才能有的放矢。

（3）形象及心态准备。访前一定要检查和调整自身的形象与心态，形象和心态是销售人员拜访质量的重要因素。

（4）产品知识的准备。在销售之前，销售人员应该对自己所销售的产品进行了解、研究。如果你不了解自己的产品，那么人们就会对你所进行的游说产生疑虑。在出发前对产品做好各项准备是必不可少的。当公司推出新产品时，销售人员要了解新产品的特点、卖点是什么。不了解新的销售政策，就无法用新的政策去吸引客户；不了解新产品，也就无法向客户销售新产品。

（5）明确访问的目的，由此来决定说话的重点。我们都知道在销售之前，要制定一份销售计划，明确自己的销售目标，所谓目标就是我们内心对一项工作完成时所预期效果的描绘。销售人员出访一定要确立目标。每一位销售人员都应该在销售前做好以上几方面的准备工作，以便做到胸有成竹，稳操胜券，提升销售业绩。

在销售之前，你必须做好准备。即使是一次陌生拜访，你也不能为了敲门而敲门。你要做一些研究，以保证敲对门，根据你所提供的产品或服务的不同来准备，这种准备或基础工作虽然很耗费时间，但你必须得做。你要善于从潜在客户身上发现尽可能多的信息，以便"对症下药"。当你做了认真的准备后，客户就很容易接受你提出的解决方案，不需要你做很多工作，他也会毫不迟疑地买你的产品。这是一种最好的销售方式，它会使客户顺从你的意愿，使你获益。

管好销售时间

无论你从事什么工作，时间就是你要面对的一切。作为一名优秀的销售人员，你应该经常问自己一个问题：在我的工作中，我闲置了多少时间？费德雯说："成功的工作源于组织，源于安排时间的努力。排出一张时间表要花点时间，如果与没有组织的工作所付出的代价相比，那实在是微不足道的。你的时间就那么多，善用它，否则你会失去它。做抉择吧，把时间规划妥当，你才能善用它，才能全天候工作。"

我们先来看一个小问题。如果你想要烙3张饼，每张饼的两面都要烙才算熟，每一面需要烙3分钟，一次只能同时烙两张饼，请问你最短需要多少时间来烙这3张饼呢？

你不大可能会得出18分钟的答案，这太长了。你很有可能会说，需要12分钟，只需先烙好两张饼，再烙剩余的一张，或者先烙一张饼，再烙两张。

但是，正确答案是9分钟。是的，你只需要9分钟就能完成整个烙饼的过程！假设三张饼编号1、2、3，分别有A、B面，那么第一次你需要烙1A和2A，第二次烙1B和3A，第三次烙2B和3B，这样下来，三张饼都烙熟了，而你只花了9分钟！

从烙饼的故事中，我们应该明白，在日常的工作中，一定要合理安排时间，整体规划，节省时间，提高效率，否则你会觉得忙到透不过气。

时间是有限的，对销售工作者来说也是如此。销售工作和销售任务对销售人员是无上限的，因为销售工作的服务对象是市场，而市场是在动态中不停变化的，企业的发展也是永无止境的。所以作为销售人员就必须学会在有限的时间中做更多难以预知的工作，这就要求你必须合理安排好自己的时间。

你有没有想过你的时间值多少钱？下面不妨计算一下。

假设年收入是 10 万元，按照每周 40 小时工作时间计算，你每年工作 2 080 小时，那么每小时的估价便是 48.08 元。

假如你是做直销工作，如果每天有一个小时花费在无收获的活动上，那就意味着本年度你花费了 1.25 万元（每天 1/8 的时间花费了，10 万 × 1/8=1.25 万），而没有从中得到任何东西。但更严重的是，您浪费了自己的时间，也浪费了老板的时间。如果您能有效利用这些时间，便会发掘出更多的客户和生意。

作为一名销售人员，时间的价位是由自己决定的，没有任何公司、任何团体、任何贸易协会、任何人可以支配你每小时的价位。许多人喜欢月末可以领到固定的薪水，但是，销售工作不同，其薪水并不固定。而且，那个领薪日也许意味着您数周、甚至数月在路上奔波。那些做房地产生意的人很清楚，从他第一次敲响潜在客户的大门，到了解行情，为屋顶的情况争论不休、重新为走廊刷漆、出售、做成交易、最后拿到支票，共花了多少时间。

安排好时间可帮您避免产生消极情绪，人们很容易迷失目标，但不要着急，每个人都有这种情况，您只需把精力集中在手头的工作上，继续去敲那些门、去打那些电话、去拜访、去尝试每一次机会。不要让自己卷入忙碌的工作，而要成为一个真正的忙于快乐、积极地把自己每小时的价位都提到新高度的人。

销售人员的时间都浪费在了哪些地方？我们能够做些什么来改进呢？

首先，销售人员如果经常拖延事情的话，时间就会不经意地从身边溜走。应该要给客户打的电话拖了又拖，因为不想去面对可能来的拒绝，或是客户的抱怨。

打还是不打电话，犹豫的时间浪费了几分钟，到了客户门口，进去拜访还是不进去拜访，优柔寡断又浪费了几分钟，明天再打这通电话吧、明天再去拜访这个客户吧，终于本来只是浪费了几分钟的时间，马上就变成了浪费好几天的时间了。销售人员做事情要果断，只要看准了客户，制定了计划，就不要拖沓，该什么时间完成就什么时间完成，不要在月底的时候又感慨自己的销售任务又没有完成。

其次，销售人员经常会去拜访客户，拜访客户的过程中，你是否又浪费了一些没有必要浪费的时间呢？比如说，你没有充分调查你的客户，就贸然拜访，要知道，有一些客户是可以通过前期调查排除在你的潜在客户之外的，纵然你说得天花乱坠，这类客户都不会动心。那么，你拜访了这样没有意义的客户就是在浪费你的时间。除了拜访了不该拜访的客户之外，如果你在拜访前没有做好充分准备，也许你的拜访不但没有拉近你和客户的距离，反而使你和潜在客户的距离拉得更远。如果你自己都没有准备好，客户也感受不到你的用心，不了解你此次拜访的主题，客户为什么要花时间与你会话呢？所以我们应该检查一下自己在每天的工作内容中，有多少是属于这些无意义的拜访的。在出门拜访前再次确认时间，确认一下物品是否备齐，明确拜访的目的，要收集的客户信息有哪些，拜访的区域是否已经规划好，不要在交通上花费大量不必要的时间。不是只要有工作就会有效果，蒙着头、蒙着眼睛的工作也是工作，清清楚楚、明明白白的工作也是工作，无意义的拜访越多，工作的效率就会越差，成功销售来自于对每一个小关键点的掌握。

最后，许多销售人员在工作中总是忙中偷闲，与同事闲聊啦，上个网休息一下啦，殊不知就是因为你无法控制自己合理利用工作时间，才导致你的业绩低下。你需要加强自制力，充满对工作的热情。

想要节约时间，首先要有较好的时间观念和效率意识。因为要想有效率，必须要有合理的时间安排，而合理的时间安排是建立在有较好时间观念之上的。时间的珍贵在于它的不可重复性，就像小河流水，只能向前没有向后。其实，就是我们要认识到时间的重要性，认识到位才能以合理的安排为载体，达到效率高的目的。不重视时间的人就不会合理地利用时间，时间的珍贵除了不可重复性外，还贵在它的有限性。我们所制定的计划、目标再加上自己超强的能力，如果没有时间作保障，都将无法实现。

需要注意的是，要把你的闲暇时间与工作时间明确区分开来。否则，你在闲暇时忙工作，在工作时想着闲暇，只会影响工作效率，耽误正常休息。除了明确工作、休息时间，你还应该分清主次，将你要做的事情按照轻重缓急排出先后顺序。销售的成功与否，取决于销售人员做了什么以及如何去做。

试想，如果一位销售人员的太多时间被无效地浪费在路途中、等待上，那么不论他多么有技巧，多么富有经验，他的销售业绩也必然会受到影响。把每日应当完成的工作定额加以分类并排出先后顺序，利用好与客户接触和沟通的每一分钟，才是业绩提升的关键。营销人员应根据行业性质、产品特点和公司的营销模式准确地对自己的时间进行归类分析。按照紧急重要、紧急不重要、不紧急重要、不紧急不重要的四象限法则，作出自己的每日行动计划指南表。重要且紧急的事情优先处理；重要不紧急的事情提早规划；紧急不重要的事情进行授权；不紧急不重要的事情尽量推掉。同时，通过计划性的工作，逐步减少不紧急不重要的事情出现的频率。

在每天工作结束，做好当日的工作总结后，要做出第二天的工作计划。在你准确制定了目标并写下来之后，就该制定时间计划了。每天都要坚持你的计划，确实，销售人员没有计划真的无法工作，那样效率实在是太低了。你需要写下你第二天要做的事情：要打的电话、要去拜访的人、要执行的任务等所有与工作有关的事情。再把你生活中的属于其他类别的重要事情添加在单子上。写完之后，把单子放好，忘掉它，抓紧时间睡觉。第二天早晨，吃早餐的时候再浏览一下你的索引卡或计算机档案材料。要不断地坚持自问，你当时所做的事情是否最有成效，还可把你的活动写在卡上，如果有口袋就放在口袋里。总之，无论如何，使这种思维成为一种习惯。

销售人员还要做好工作之外的时间安排，做到不让工作之外的事情占用宝贵的工作时间。"对于时间的安排我们要有主动性，就是要安排做事的时间，不是由事情来占满你的时间"，这句话真正体现了时间需要安排的重要性。随着生活节奏的加快，越来越多的事情需要我们来做。在工作之外，我们还要照顾到家庭、社会、朋友等方方面面的事情，往往是由于不能合理地安排这些工作之外的事情而影响我们的工作，有时没有及时解决生活中的一件小事就被迫占用了宝贵的工作时间，打破了原有的工作计划，使工作效率大大降低。因此，我们要合理安排工作之外的时间，避免对工作造成任何的影响。

除了合理规划安排自己的时间外，还需要具有支配时间和执行计划的能力。一旦做好了计划，就要按照计划好的时间不折不扣地推进。对自己的时间实行表格管理，随时检核。虽然一开始会有各种各样的突发性情况出现，但是，在坚持了一段时间后，各项工作就会逐步走上轨道，各种意外状况也会逐渐减少。

作为一名销售人员，不可避免地会有一部分时间浪费在车上和卖场的会客室里。当年的欧阳修读书有"三上"之说：马上、厕上、枕上。如果我们的销售人员都学习古人的这种精神，把在公交车上和等待经销商会见的时间都利用起来，了解行业态势，学习产品知识，提升专业技能，既实现了个人的增值又促进了工作的完成。

节约时间除了不浪费时间做无用的事外，更需要通过心态的改善和技能的提升，提高单位时间内的办事效率。如果一名销售人员，能够拥有良好的心态，满怀激情地投入工作，并且在工作中不断地提高自己的销售技巧，普通销售人员一个月才能搞定的客户，他只要两个礼拜，自然有时间腾出手来做其他的事情。长时间累积下来，业绩当然会出类拔萃，时间上也显得游刃有余。

最后，给大家一些细节化的建议。

（1）抱着良好的工作态度和积极的心态，满怀激情地投入工作。

（2）在每一家你计划拜访的客户后面写上谈话重点。

（3）提前和准备拜访的客户打电话沟通，进行预约。

（4）经常整理自己的文件夹，无论是记录本上的还是电脑里的，确认你可以随时找到需要的文件。

（5）准备好第二天要穿的衣服，睡觉前把闹钟放在离床最近的角落。确定拜访的先后顺序，把最重要的客户安排在上午。上午精力充沛，办事效率高。

（6）早出晚归避开交通高峰，避免途中浪费过多时间。

（7）随身携带交通地图和火车、大巴时刻表，减少迷路和长途出差在候车室等候的时间。

（8）在公文包里放一本有用的书，在车上或者在等车的时候看几页。

（9）随身携带记录本，随时记录必要信息。

（10）可以多发几封感谢信。

（11）不妨多问自己几句："今天我还有哪些时间可以节省？"

（12）牢记"二八原则"，80%时间花在20%重要客户上，20%重要客户带来80%的销售。

（13）推掉和经销商不必要的应酬，他们对你没兴趣，感兴趣的是你推销的品牌和产品给他们带来的财富。

（14）这次可以办完的事，决不拖到下次，不给自己找借口，避免在同一件事上反复浪费时间。

（15）随时总结，看看是否达成了预期的目标。

（16）尽早收款压货，不要在财务结算的最后一天去办事，这会让你丧失主动权。

销售人员的收入百分之百地来源于他们和客户接触的每一分钟。你觉得工作忙，就一定要让你的工作"忙"出意义来！合理规划你的时间，并按照自己的计划进行下去，注意细节问题，节约不必要的时间，做时间的主人，而不是时间的奴隶，只有这样，你才可能成效卓著，让自己和老板都满意！

养好销售习惯

记得有这样一则诺贝尔奖获得者的故事。

1978年，75位诺贝尔奖获得者在巴黎聚会。

人们对于诺贝尔奖获得者非常崇敬，有个记者问其中一位："在您的一生里，您认为最重要的东西是在哪所大学、哪所实验室里学到的呢？"

这位白发苍苍的诺贝尔奖获得者平静地回答："是在幼儿园。"记者感到非常惊奇，又问道："为什么是在幼儿园呢？您认为您在幼儿园里学到了什么呢？"

诺贝尔奖获得者微笑着回答："在幼儿园里，我学会了很多。比如，把自己的东西分一半给小伙伴们；不是自己的东西不要拿；东西要放整齐；饭前要洗手；午饭后要休息；做了错事要表示歉意；学习要多思考，要仔细观察大自然。我认为，我学到的全部东西就是这些。"所有在场的人对这位诺贝尔奖获得者的回答报以热烈的掌声。

这位获奖者出人意料的回答，说明了儿时养成的习惯对人一生具有的决定性意义。

事实上，大多数科学家都认为，他们之所以能取得骄人的成就，最重要的是培养了良好的习惯。

良好的习惯是可以有意识地培养的，经过有针对性的培养可以在短时间内形成习惯。销售人员也是如此，一定要培养好自己的良好习惯，这些良好习惯同样对你将来的事业和成就起着决定性的作用。那么，销售人员需要培养哪些良好习惯呢？

1. 学习的习惯

学习使人进步，学习的习惯会让销售人员的自身水平不断提高。销售人员平常都很忙，东奔西跑，南来北往，很难抽出时间来正正经经地学习。在大公司里，可能会有一些业务培训，但仅靠这些培训学习想在业务的道路上有很大的进步是比较困难的。所以，只能自己想方设法养成学习的习惯。比如，在出差的路上，带上一本业务书，如购买一本《销售与市场》杂志，在路途上可以认真地看看。书不是很厚，既轻便又实用。能坐下来的时候，不要顾着跟别人打麻将或者"斗地主"，应认真地看一些专业书。如菲利普·科特勒老先生的《营销管理》，即便是开始不一定能看懂，也要养成习惯来看一些经典著作。看经典著作会让你少走弯路，站在巨人的肩膀上，站得高才看得远。

学习可以是读书，可以是向自己过去的经验学习，总结自己的经验和教训，也可以向他人学习。上网聊天是学习，电话沟通是学习，查找资料也是学习。但要注意，人的时间有限，特别是做业务的，时间更有限，不可能面面俱到。你可以每天看几页专业书，上两三个网站，看两个电视频道，翻看两本杂志。久而久之，你的学习习惯就会形成，不会漫无目的地到处转悠，这样做时间还会很充裕。

2. 记日记的习惯

俗语说："脑记不如笔记。"记日记可以迫使你认真地总结自己，把思路整理清晰。把工作思路重新梳理，总结成效如何，是得还是失，既能加深记忆，又能巩固知识，为将来事业做好准备。

记日记通常以工作日记为主，当然你可以夹杂生活日记在里面，但生活日记最好还是另外记录。

销售人员日记一般有会议记录、拜访记录、谈判记录、销售记录、方法记录、技能记录、知识记录、谈话记录、学习记录、领导布置工作记录、对客户的分析记录，等等。最好就是能分门别类，或者是记专题日记，如"如何跟买手谈判"就是一个很好的专题。不能分门别类的也可以像流水账一样记录。

记日记要养成习惯的难度是比较大的，因为往往会因工作忙而半途而废，会因抽不出时间而忘记写。若当天忘记记录，你应该在第二天设法补上。这样你才不会有漏记现象，才能养成记日记的习惯。

3. 锻炼身体的习惯

都知道身体是工作的本钱，作为销售人员，没有一个良好的体魄是很难承受繁重的业务工作的。销售人员时间的不稳定性，决定了很难像一些公务员和白领一样，可以有固定的时间去打篮球、踢足球、游泳等室外活动。但只要你真心想运动，时间还是能挤出来的。运动项目的选择至关重要，比如做体操，每天起床后做体操。做体操既不用很多时间，也不需要什么运动场所，只要你想做，什么时候、什么地方都可以运动。打太极，练瑜伽这些项目都很好。只要能达到锻炼身体的效果就行。

锻炼身体一定要坚持，坚持一到两个月时间你可能就会形成喜欢运动的习惯，形成习惯后你不做也觉得身体不自在。

4. 守时的习惯

守时是一个人的职业道德问题，一个人如果连守时都做不到，我估计此人的信誉一定不会太好。

守时对销售人员特别重要，因为销售人员时刻面对的都是钱和物、客户和业务，这些工作都要求销售人员对守时必须认真重视。你如果有拖拉和延误的习惯，这对销售来说是非常致命的。

守时要养成习惯一定要从平时开始，比如开会时一定不能迟到，上下班不迟到、不早退；约会一定要按时到达。要知道，浪费别人的时间就是最大的犯罪。

5. 提建议的习惯

提建议是一个人对工作负责任的具体表现之一。你能提建议证明你对此项工作的关心和思考，更说明你是一个有团队精神的人，关心集体的人。

建议有书面建议，有口头建议，也有电话建议。不过最好还是以邮件或者书面的形式，紧急的情况可用电话建议。

建议可以是向上司提，也可以向同事提，也可以向下级提。建议不见得一定就好，但起码你做到了对事情的关心，对工作的负责。

一定要把提建议养成习惯，不要以为事不关己就看到也不说，这是一种对工作不负责、对自己也不负责任的行为。提建议不要等，否则会错过机会，好建议也变成无用的建议。

当然，提建议要讲究方式方法，不要在领导不高兴时或者大庭广众之下提建议，这往往适得其反，好建议也难以得到好结果。

6. 立即行动的习惯

做销售讲究及时，说干就干，这才显出销售人员的风采。犹豫不决，拖拖拉拉，做事慢三拍的人是做不好销售工作的。

要向那些当过兵的人学习，他们的行动力特别强，只要你一声令下，他们立马就会冲锋陷阵，不会拖后腿。

要养成立即行动的习惯，就必须从接听电话和回发信息这些细节开始。有些人即便看到了别人的来电和信息，也久拖不回，这是不良习惯。良好习惯是马上回电，有事也不能拖而不决。

做销售还有很多习惯要学，你如果能把一些重要的习惯养成，对你以后的工作还是大有帮助的。给你金山银山，不如教你养成一些良好习惯。

记好销售日记

从事一线销售的销售人员常常为销售业绩苦恼，为什么从事多年的终端销售业绩却没什么进展呢？为什么别人的业绩突飞猛进呢？其实他们错就错在销售仅凭直觉和简单的经验行事。其实，销售能力的提升和业绩的增长是有方法的，做销售日记就是一个不错的方法。记好销售日记至少有两大好处。

1. 细分客户

销售人员每天辛苦的工作，都希望能多销售商品，但如果是选购大件或较贵的商品时，客户的选择往往都非常慎重这该怎么办，最重要的一点还是尽可能地抓住所接触的客户，也就是创造一切可能的条件，促成交易。每一个客户，在参观完店面之后，没有购买，并不证明他不想买。如果我们轻易地将这一部分客户放走，那么，他们很可能在犹豫间或不经意间作出其他的选择。所以，销售人员非常有必要记录客户的相关信息，为与客户进行下一步联络打下良好的基础。

2. 总结销售经验

很多人都会写日记，但真正坚持长年写日记的人却少之又少，正是因为没有养成写日记的习惯，所以，大多数人对自己的成长和生活历程回顾起来都是断断续续的，记不起自己几十年都做了什么。同样，做销售也是这样，每天都接待很多不同的客户，如果不去刻意记录这些客户的信息，随着时间的推移，脑海里也不会残留多少信息，而事实上，这些客户对销售人员来说，是非常有用的资源。如果每天都对相关的客户信息进行整理，就会自然而然地带动思维。那个客户为什么老在犹豫，还有没有促成的可能？今天这个客户为什么买我们的产品？另一个客户没买我们的产品，主要的原因是什么等等。我们一旦将这种思考养成习惯，那么分析客户心理，促成交易的能力将大大加强。

严格来说，上面的内容只能说是日记，不能说是销售日记。销售日记应该包括以下几个方面的内容。

（1）客户的基本情况。这是指客户的姓名和电话等基本情况。

（2）客户需求信息。即通过与客户的交流，发现客户想订购的产品及其型号。

（3）客户描述。不同公司的规定内容会各不相同，销售人员可能会觉得比较繁琐，我们不妨梳理一下，其实不论销售什么产品，客户描述无非是三个方面的内容：①客户家庭的基本情况；②客户个人的情况；③客户对产品的需求紧迫度和了解情况。

（4）客户跟进情况。这主要是指记录电话跟进的时间和情况。跟进客户要注意以下事项：①不能唐突联络客户。这实际上是要求销售人员在客户离开的时候就要给客户传递出将和客户联络的信息，使客户在接到电话的时候不会感觉意外。②注意把握与客户联络的度。与客户进行联络不能太过频繁，要把握好度，一般来说，如果是有明确购买意向的客户，通常要赶在他作出决断之前与其保持联络。另外，在公司推出促销活动的时候，促销信息一定要及时告知客户。③注意沟通的语言。在打电话进行跟进之前，要对客户进行初步的分析，回顾一下当时接待的情景。对价格非常敏感的客户，可以使用抽奖优惠等话术；对于犹豫抉择的客户，最好用推动决定的话术，比如新价格政策调整等，勾起客户的心理购买愿景。

（5）订购情况及原因。就是填写通过跟进是否达成交易，如果已订购，要填上销售单号和日期；如果未订购，要注明未订购原因。

有的销售人员可能会说，和客户进行沟通了解，哪有时间记下这么多信息？实际上，与客户进行沟通就是在不停地探询客户的需求，以达到最终促成交易的目的。所以，在接待潜在和有意向的客户的时候，随身携带笔记本是非常重要的，要在聆听客户谈吐的时候做好相关的原始记录。一方面不使信息流失；另一方面对客户的信息掌握得越多越准确，就越能抓住客户心中的真正需求。同时，做记录也表现出对客户的尊重。有的客户不愿留下联系电话，主要是出于以下几种原因。

（1）有可能销售人员和客户没有很好的沟通，客户对销售人员不够信任。

（2）和客户沟通的时间太短，客户觉得比较不自然。

（3）客户出于自我保护的考虑，不愿透露。

不论是何种原因，对销售人员而言，都是一种考验，这直接反映了销售人员的沟通能力。一位成功的销售人员是怎样处理这类问题的呢？在客户想要离开的时候，不妨这样说："先生，今天和您谈得很愉快，看得出您很喜欢我们的产品，这是我们的联系方式，请多指教——（递送出名片），那先生，您的联系方式是××？以后我们有什么活动可以及时通知您。"

这实际上是运用了礼尚往来法。就是要先有给予，才会有获得；所以，销售人员在向客户索取联系电话的时候，不妨考虑首先递出自己的联系方式，以获得主动。中国有句古话："抬手不打笑脸人。"一般来说，客户是不好拒绝的。另外，获得联系电话的方式也不一定要在客户离开的时候获得，在与客户交流很愉快的时候，也可以适时询问。

记销售日记并及时进行分析和跟进是很好的销售方法，它所起的作用需要经过一段时间的积累才能逐步显现出来。

Chapter 03
聪明人的销售心理学

《孙子兵法》有云：知己知彼，方能百战不殆。

销售人员在推销过程中，充分了解客户的购买心理，是促成生意的重要因素。

顾客在成交过程中会产生一系列复杂、微妙的心理活动，包括对商品成交的数量、价格及如何与你成交、如何付款、订制什么样的支付条件等问题的想法。顾客的心理对成交的数量甚至交易的成败，都有至关重要的影响。因此，优秀的销售人员都懂得对顾客的心理予以高度重视。

顾客消费心理的十一种类型

归纳起来，顾客的消费心理主要有以下几种。

1. 求实心理

这是顾客普遍存在的心理动机。他们购物时，首先要求商品必须具备实际的使用价值，讲究实用。有这种动机的顾客，在选购商品时，特别重视商品的质量效用，追求朴实大方，经久耐用，而不过分强调外形的新颖、美观、色调、线条及商品的"个性"特点，故在挑选商品时认真、仔细。

2. 求美心理

爱美之心，人皆有之。有求美心理的人，喜欢追求商品的欣赏价值和艺术价值，以中青年妇女和文艺界人士中较为多见，在经济发达国家的顾客中也较为普遍。他们在挑选商品时，特别注重商品本身的造型美、色彩美，注重商品对人体的美化作用，对环境的装饰作用，以便达到艺术欣赏和精神享受的目的。

3. 求新心理

有的顾客购买物品注重"时髦"和"奇特"，好赶"潮流"。在经济条件较好的城市中的年轻男女中较为多见，在西方国家的一些顾客身上也常见。

4. 求利心理

这是一种"花少钱，办多事"的心理动机，其核心是"廉价"。有求利心理的顾客，在选购商品时，往往要对同类商品之间的价格差异进行仔细地比较，还喜欢选购折价或处理商品。具有这种心理动机的人以经济收入较低者为多。当然，也有经济收入较高而节约成习惯的人，精打细算，尽量少花钱。有些希望从购买商品中得到较多利益的顾客，对商品的花色、质量很满意，爱不释手，但由于价格较贵，一时下不了购买的决心，便讨价还价。

5. 求名心理

这是以一种显示自己的地位和威望为主要目的的购买心理。他们多选购名牌，以此来"炫耀自己"。具有这种心理的人，普遍存在于社会的各阶层，尤其是在现代社会中，受名牌效应的影响，吃、穿、住、行皆使用名牌，不仅提高了生活质量，更是一个人社会地位的体现。

6. 仿效心理

这是一种从众式的购买动机，其核心是不落后或"胜过他人"。他们对社会风气和周围环境非常敏感，总想跟着潮流走。有这种心理的顾客，购买某种商品，往往不是由于急切的需要，而是为了赶上他人，超过他人，借以求得心理上的满足。

7. 偏好心理

这是一种以满足个人特殊爱好和情趣为目的的购买心理。有偏好心理动机的人，喜欢购买某一类型的商品。例如，有的人爱养花，有的人爱集邮，有的人爱摄影，有的人爱字画，等等。这种偏好性往往同某种专业、知识、生活情趣等有关。因而偏好性购买心理动机也往往比较理智，指向也比较稳定，具有经常性和持续性的特点。

8. 自尊心理

有这种心理的顾客，在购物时，既追求商品的使用价值，又追求精神方面的高雅。他们在购买之前，就希望他的购买行为受到销售人员的欢迎和热情友好地接待。经常有这样的情况，有的顾客满怀希望地进商店购物，一见销售人员的脸冷若冰霜，就转身而去，到别的商店去买。

9. 疑虑心理

这是一种瞻前顾后的购物心理动机，其核心是怕上当、吃亏。他们在购物的过程中，对商品的质量、性能、功效持怀疑态度，怕不好使用，怕上当受骗，满脑子的疑虑。因此，反复向销售人员提问，仔细地检查商品，并非常关心售后服务工作，直到心中的疑虑解除后，才肯掏钱购买。

10. 安全心理

有这种心理的人，他们对想要购买的物品，要求必须能确保其自身安全，尤其像食品、药品、洗涤用品、卫生用品、电器用品和交通工具等，不能出任何问题。因此，他们非常重视食品的保鲜期，药品有无副作用，洗涤用品有无化学反应，电器用具有无漏电现象等。在销售人员解说、保证后，才能放心地购买。

11. 隐秘心理

有这种心理的人，购物时不愿为他人所知，常常需要采取"秘密行动"。他们一旦选中某件商品，而周围无旁人观看时，便迅速成交。青年人购买和性有关的商品时常有这种情况。一些知名度很高的名人在购买高档商品时，也有类似情况。

女性顾客的消费心理

据新华社在2003年12月"女性消费"研讨会上公布的一项网上调查显示，女性在家庭消费中完全掌握支配权的占总数的51.6%，与家人协商的占44.5%，女性不做主的仅为3.9%。调查还显示，女性个人消费在家庭支出中占53.8%，而且父母、子女、丈夫等家人的生活需求也大多由她们来安排。可见，女性顾客是消费者的主流，如果把握好这部分顾客，你的成交数额可想而知。

女性顾客的消费特征主要有以下体现。

第一，商品需求面较大。长期以来，性别分工合作的模式是"男主外、女主内"。女性负责家庭的日常生活问题，包括为整个家庭购买所必需的商品，如柴、米、油、盐等；为家庭成员购买所必需的商品，如衣物、鞋帽、书籍、学习用品等，甚至购买访亲送友的礼品。

由于女性长期处于消费终端，所以女性的审美观影响着社会消费潮流。自古以来，女性的审美观就比男性更加敏锐。年轻女性的心境支配着流行，女性不仅自己爱美，还注意恋人、丈夫、儿女和家人的形象。商品的流行大多是随女性的审美观的变化而变化的。

第二，购买前期要反复考虑。女性在购物之前一般要比男性想得多、想得全。她们想的问题较全面，包括商品的实用性、价格、质量、品牌、售后服务等。一般来说，女性顾客在购买某一商品前都要经历以下几个阶段。

①确定购物目标。女性顾客在购物前肯定会仔细考虑买什么，买多少，买什么样的，经过一番构思定位，最后再确定目标。但有时女性顾客购物比较感性，也许有些商品不是她们的购物目标，但由于业务员的推销技巧或促销活动的吸引，有时她们也会突然消费。

②征求他人意见。女性顾客在做决定时大多会比较犹豫，如果她们想买

什么，要先向朋友、亲戚征求一下意见。

③制定大致预算。也许是由于女性天生的细心，她们在购物前都会考虑一下自己的财力，以决定买什么价位的商品。所以在女性顾客购物时，一般不会发生钱没带够等现象。

④考虑消费后的情况。女性顾客在购物前一般考虑得比较周到，她们会想到把商品买回来后应该怎么用，甚至会考虑如何携带，如何摆放等问题。所以她们购物时会很强调实用性。

⑤大量咨询信息。购物时要"货比三家"，这个购物原则在女性顾客身上体现得淋漓尽致。她们在购买前会大量咨询同类型产品的信息，包括质量、功能、价位等。所以，业务员在与女性顾客打交道时会发现她们有时对专业知识也特别了解。

第三，购物时横挑竖选。女性在购物时比男性敢转、敢看、敢触、敢试、敢侃、敢买、敢退。"横挑鼻子竖挑眼，不达目的不罢休"是多数人的心态。女性顾客在购买过程中一般会历经以下几个过程。

①确定对象。在经历过大量的信息咨询后，女性顾客一般会选择一个购物对象进行购买。但不要认为她们就会认定你这一家，如果在接触中她们发现另外一家更好，那肯定会马上离去。

②产生冲动。经过业务员的介绍和自己的比较，女性顾客如果还没离去的话，那就证明她们已经有意购买了。产生冲动的原因不外乎三种：

·符合目标。经过考察和初步接触，产品的质量、功能、价格等符合顾客的预定期望。

·受人引导。在购买过程中业务员或同行人的劝说也有可能使顾客产生冲动。

·促销活动的吸引。也许商品不是顾客的目标，但优惠的价格等会使她们产生冲动。

③反复挑选。冲动过后或同时，便进入了挑选商品阶段。不符合购买者需求的，即使购买者喜爱也不会成交。挑选商品，女性一般会比较仔细。她

们对商品的方方面面都会关注。业务员若催促她们"快点试、快点定",会引起女性的反感;如果说"没关系,您慢慢看,慢慢试",反而促使女性加快挑选的速度。

第四,确定商品。如果上述几个过程进行得比较顺利的话,这时顾客就会确定购买与否了。但有时女性顾客常常犹豫不决,她们会显得不太自信,不知自己的决定是否正确。

一般的女性顾客都会十分关注售后服务,她们希望自己的消费能够得到保障。

接待女性顾客应该把握以下原则。

①主动介绍。接待女性顾客应该着重介绍商品的质量和售后服务,多摆优点,有时也不妨用货源紧缺和赞许已购者"有眼力"来促使成交。

②要有耐心。女性顾客在购物时会比较细心,这时业务员只需要静静地耐心等待就可以了。

③给些建议。女性顾客在购物时希望得到他人的建议,在接待女性顾客时,多给对方一些较为专业的建议会更好地促使顾客做决定。

④适当赞美。每个人都希望得到赞美,女性顾客更是这样。但赞美要以事实为依据,否则会弄巧成拙。

⑤提供帮助。如果在购物后业务员主动提供一些帮助,如送货等。这会在女性顾客的心里留下极深的印象。

男性顾客的消费心理

我国20岁以上的男性约有3亿,而且在大部分组织里,有决定权的大多是男性。相对女性顾客来说,男性顾客的消费心理相对简单。

男性顾客的消费特征主要体现在以下几个方面。

第一,消费金额相对较大。相对于女性顾客,男性顾客的购买能力要强一些。从社会角度讲，在大多数组织里，男性领导的数量明显多于女性，所以在一些数额较大的消费上，一般是男性在做决定。

第二，消费理性化。对男性顾客影响最大的购物因素是自身的需求和产品的性能。

第三，消费过程比较独立。由于男性的自尊心比较强，所以他们一般不会受他人的影响。

第四，购买过程相对较快。男性顾客在购物过程中不太喜欢挑选，只需要稍加浏览，他们就会付款成交。

第五，购买后一般不会后悔。男性顾客在消费后一般不会否定自己的选择，所以要求退换货的男性顾客相对较少。

接待男性顾客的一般需要注意以下几点。

①建议合理化。在与男性顾客打交道时，尽量不要太啰唆，说得太多会引起他们的反感。

②服务温情化。男性顾客在购物时要求不会很多，但在他们的内心还是希望得到温情的服务，如果忽略了这一点，即使他买了你的产品，也不会成为你的忠实顾客。

③售后主动化。男性顾客一般不会花太多时间去了解市场行情，如果你经常打电话给老顾客，向他介绍一些新产品或促销活动，他也许会成为你的忠实顾客。

青年人的消费心理

赢得青年，就赢得未来，这在商战中同样适用。在市场竞争中，谁能抓住青年消费群体，谁就占有更多的市场份额，就能在市场竞争中赢得优势。青年人消费行为中所表现出的鲜明的消费心理特征，为工商企业有效地组织生产与推销产品提供了重要依据。

青年人的消费，受其内在的心理因素支配，同其他消费群体相比，具有鲜明的心理特征。青年在整体的顾客群中所占比例比较大，消费能力也在逐渐提升。具体来说，现代青年人的消费心理主要有以下几方面的体现。

第一，追求新颖与时尚。青年人思维活跃，热情奔放，富于幻想，容易接受新事物，喜欢猎奇，反映在消费心理和消费行为方面，表现为追求新颖与时尚，追求美的享受，喜欢代表潮流和富于时代精神的商品。

第二，崇尚品牌与名牌。青年人特别注重商品的品牌与档次。在他们看来，名牌是信心的基石、高贵的象征、地位的"介绍信"、成功的"通行证"，追求名牌要的就是这种感觉。因而，青年人在购物时，虽然也要求产品性能好、价格适中等，但对商品的品牌要求越来越高。

第三，突出个性与自我。青年人处于少年不成熟阶段向中年成熟阶段的过渡时期，自我意识明显增强。他们追求独立自主，力图在一举一动中都能突出自我，表现出自己独特的个性。这一心理特征表现在消费心理和消费行为方面，则是青年人消费倾向由不稳定向稳定过渡，对商品的品质要求提高，尤其要求商品有特色，上档次，有个性，而对那些一般化的、"老面孔"的商品不感兴趣。

第四，注重情感与直觉。青年人的情感丰富、强烈，同时又是不稳定的。他们虽然已有较强的思维能力、决策能力，但由于思想感情、志趣爱好等还不太稳定，波动性大，易受客观环境、社会信息的影响，容易冲动。这些反映在消费心理和消费行为方面，青年人的消费行为受情感和直觉的因素影响较大，只要直觉告诉他们商品是好的，可以满足其个人需要，他们就会产生积极的情感，迅速作出购买决策，实施购买行为。

第五，力主创新。随着科学技术的迅速发展和人民生活水平的不断提高，商品使用寿命相对缩短。在这种情况下，企业必须树立创新意识，把创新作为市场上克敌制胜、吸引需求和挖掘潜在需求的有力武器，不断满足青年消费者追求新颖与时尚的心理需求。

第六，争创名牌。通常而言，名牌产品能争取到一个比较有优势的价位，在相同价位上会比它的竞争对手卖得好、卖得多、卖得快。有些商品能以高出同类商品好多倍的价格出售，就是靠着品牌效应，而青年人所追求的也正是这种效果。

第七，突出个性。目前，在商品市场中颇为流行的定制消费，是青年消费个性化的突出表现，也是企业依据青年消费特点作出的反应。

第八，攻心为上。古语云，"攻心为上"。这句话同样适用于商战。企业与消费者之间，需要一种人际感情的交流。感情是一种巨大的力量，如果能通过感情传递、感情交流、感情培养，令青年消费者产生心灵上的共鸣，那么企业的产品、品牌就容易为青年人所理解、喜爱和接受。因此，企业要善于发掘自身产品内在所包含的感情，并通过产品设计、包装、广告淋漓尽致地展示这些，在以质取胜的同时，更以情动人。正如美国心理学家弗兰西克·罗里所言："消费者是人，而人是有感情的"。

老年人的消费心理

据统计部门的估计，在今后 50 年里，中国人口 60 岁以上的总量将急剧增加。到 2025 年，我国老年人口占总人口的数量将达到 18.5%。到 2050 年，我国老年人口占总人口的数量的比值将处于最高峰值，达到 25.2%。随着我国老年人口数量和比重的大幅度提高，老年市场将成为众多市场中一个极具魅力、潜力巨大的市场。把握好老年人这一消费主力，是每个商家的必修课。一般来说，老年人的消费心理可以从他们的特定需求看出。

第一，健康需求。人到老年，常有恐老、怕病、惧死的心理，希望社会对老年人的健康能有所保证。

第二，工作需求。离退休、病休的老年人多数尚有工作能力和学习要求，骤然间离开工作岗位肯定会产生许多想法。这样的老年人如果没有工作和学习的机会，将会影响他们的身心健康。

第三，依存需求。人到老年，会感到孤独，希望得到社会的关心、单位的照顾、子女的孝顺、朋友的往来、老伴的陪伴，使他们感到老有所依、老有所靠。

第四，和睦需求。老年人都希望有个和睦的家庭和融洽的环境。不管家庭经济条件如何，只要年轻人尊敬、孝顺老人，家庭和睦，邻里关系融洽，互敬互爱，互帮互助，老年人就会感到温暖和幸福。

第五，安静需求。老年人一般都喜欢安静，怕吵怕乱。有时老年人就怕过星期天，因为这一天儿孙都来了，乱哄哄的一整天，很多老年人是受不了的，他们把这天称作"苦恼的星期天"。

第六，支配需求。由于进入老年期，社会经济地位的变化，老年人的家庭地位、支配权都可能受到影响，这也能造成老年人的苦恼。

第七，尊敬需求。原来有地位的老年人离开工作岗位后，经历由官到民、由有权到无权的过程，会产生"人走茶凉""官去命转"的悲观情绪。他们遇朋友就叹息，甚至不愿出门，不愿到单位去，不愿参加社会活动。长此下去，则会引起精神抑郁和消沉，为疾病播下种子。

第八，坦诚需求。老年人容易多疑、多忧、多虑，求稳怕乱，爱唠叨。他们喜欢别人征求他们的意见，愿出谋献计。我们对老年人这些心理特点，要以诚相待，说话切忌转弯抹角。

沉默型顾客的心理分析

沉默型顾客在整个推销过程中表现消极，对推销冷淡。业务员与这类顾客进行沟通时很容易出现僵持局面。沉默型顾客对对方的任何陈述或激情都无动于衷，他们好像对事情都胸有成竹，自己的想法决定一切。一般来说，沉默型顾客有以下表现。

例1：顾客走进店里，巡视柜台，或仔细审视某种商品。店员上前招呼：

"欢迎光临。"当看到顾客手上商品色泽鲜艳，就问："给您孩子用吗？"如果商品样式保守，就问："给老人用吗？"可是无论店员怎样招呼，顾客仍保持着惊人的沉默，一言不发，搞得店员很尴尬。

例2：一位顾客走进汽车展示厅，业务员随即上前提供服务，下面是他们的对话。

业务员："您希望拥有一辆什么样的车子？"

顾客："哦！"（抬头看了对方一眼）

业务员："您更看中的是车子的哪一点？价格、款式、品牌……"

顾客："什么都不是。"（又向另一个方向走去）

业务员："那您……"

不论业务员如何努力地试图接近这位顾客，顾客始终表现得很冷淡。

在业务员和顾客的谈话过程中，顾客对业务员的服务，始终表现得很沉默，让人难以接近。沉默型顾客可以分为两类，可称为天生沉默型和故意沉默型。

1. 天生沉默型

这类顾客在与业务员的沟通过程中并非假装没听到，也不是对什么不满，只是天生的性格使他们不爱说话。例1中的那位顾客就属于这种类型。

应对这类顾客，业务员可尽量诚恳地为顾客解说或从其反应中了解顾客的意向，然后对症下药。有时业务员也可以提出一些简单的问题来激发顾客的谈话欲。如果顾客对商品缺乏专业知识并且兴趣不高，销售人员此时就一定要避免讨论技术性问题，而应该就其功能进行解说，以打破沉默；如果顾客是由于考虑问题过多而陷入沉默，这时不妨给对方一定的时间去思考，然后提一些诱导性的问题试着让对方将疑虑讲出来以便大家协商。

在例1中的那位营业员可以对顾客这样说："小姐，您手上拿的那款配您这套连衣裙很合适……"

2. 故意沉默型

此种顾客在沟通过程中，他（她）的眼睛不愿正视你，也不愿正视你的样品，而又略有东张西望心不在焉的表情，则十有八九是装出来的沉默，是对产品及拜访不感兴趣，但又不好意思拒人千里之外，故只好装出沉默寡言的样子让你知难而退。例2中的那位顾客就属于这种类型。

遇到此种顾客，寻找话题，提出一些让对方不得不回答的问题让他说话，以拉近彼此距离，多花时间再导入正题。如果顾客由于讨厌销售人员而沉默，销售人员这时最好反省一下自己，找出问题的根源，尽快作出调整，以达到与顾客沟通的目的。

腼腆型顾客的心理分析

有些人动不动就双颊绯红、面如桃花、额头沁汗、手忙脚乱。这种人大多是极端内向，或自知有某种弱点的人。他们多少次告诉自己不要害羞，结果心跳却越加快起来。其实，每个人都害羞，只是程度不同而已。"害羞是神单独赐给人类的好礼物。"一般来说，腼腆型顾客都会有以下表现。

例1：一位矮个子男青年在浏览店内商品，眼睛正好瞄向女店员那边。突然，他一脸沮丧，叹着气走掉了。几个女店员议论道："可能是同业的间谍。"事实上，男青年刚好看见几个店员窃窃私语，忍着笑。神经敏感的青年就以为她们在笑他个子矮，因此扬长而去。

例2：一位村办企业的干部由于工作需要，到县城里购买电脑，刚进一家装饰豪华的店铺，不由得紧张起来。店铺里的业务员虽然看到此人的穿着朴素，但还是热情地招呼他，不料业务员刚说了一句："您需要什么样的电脑？"他就掉头走了。

例3：以下是一位保险销售人员在和一位年轻的女士谈该选择什么样的险种时的对话。

销售人员："这个险种很适合您。"

顾客："哦。"

销售人员:"这个险种会保障您今后几年内的重大开支不会有什么问题。您想,您马上就要结婚了,婚后您孩子的开销也是一笔很庞大的数目……"

顾客:"我还没想这个呢!"(顾客打断了销售人员的话)

销售人员:"不过您早晚需要的……"

顾客:"我们还是看其他的吧。"

……

以上三个例子中的顾客是典型的腼腆型顾客,此类顾客生活比较封闭,对外界事物表现冷淡,和陌生人保持相当距离,对自己小天地之中的变化异常敏感,他们对推销反应不强烈。

以上三个例子说明,与腼腆型顾客沟通时首要注意的一点是,不要直接注视他们。解说商品时,最好把商品拿在手上,一边看着它一边说明;强调产品重点功能或优点时,和蔼地直视对方,其他时间还应尽量避免这样做。

在具体情况下,店员应更加敏感些。例1中的情景,大家或许会产生同感:一边看着自己一边嘀嘀咕咕地咬耳朵,任何人见此情景都会感到不快,更何况是腼腆型顾客。与对方四目相接,则更觉尴尬。如果对方是情侣或身体上有缺陷,则更应适度回避。而且,与他人四目相接时,不管有没有与他人耳语,都要轻声招呼:"欢迎光临。"

说服此类顾客对销售人员来说,难度是相当大的。这类顾客对产品挑剔,对销售人员的态度、言行、举止异常敏感,他们大多讨厌销售人员过分热情,因为这与他们的性格格格不入。销售人员给予这类顾客的第一印象将直接影响他们的购买决策。接待这类顾客要注意投其所好,则容易谈得投机,否则这些顾客是很难接近的。

慎重型顾客的心理分析

有些人处世谨慎，凡事考虑得较为周到。这通常也反映在他们购物时的态度上，慎重型顾客往往关注的比较多，例如：质量、包装、价格、品牌、售后服务等。他们不会因为产品的某一个优点而决定购买，他们通常会综合评价产品。同时，这类顾客在购物时经常会货比三家，多方面考虑后再做决定。所以他们的外在表现就是善于和业务员讨论产品，而且经常是比较产品，他们对产品的行情会比较清楚，谈起专业知识也头头是道。我们可以通过下面的例子来说明。

例1：业务员提出自己建议后说："……所以，我认为这个配置和您的要求最相称。"可顾客想了想说："这款好像也不错，说实话，我最喜欢的是刚才我们看的那个配置，就是价钱太高了些……"业务员说："先生，一分钱一分货，配置好，价钱自然要高些，您看看我现在介绍的行不行？"顾客有些为难："可是，和我原先的预算有些出入，根据您的看法，先前那款配置似乎不太适合我。"业务员急忙解释："不，不，我不是这个意思，那款的配置也很好。"顾客此时一脸疑惑："我都给弄糊涂了。"可业务员却仍极力推荐："先生，这款也不错，我觉得它非常适合您。"顾客已打了退堂鼓："是吗？我看我还是改天再来吧，麻烦您了。"

例2：在某服饰商店内，A、B两位顾客正在挑选衣服。A顾客说："这件外套不错，可是价格贵了点。"店员解释道："请相信，价钱绝对合理。"A仍坚持说："可是，同一件衣服，在前面那家店里价格却很低。"店员有些不解："是不是看错了？我们走的是薄利多销路线，不会比别的店贵。"这时B插话进来："A说的没错，能不能再便宜一点儿？"A补充道："您是说不能降价吗？那我们下次再来吧，可别买到贵的。"

例3：下面是业务员和顾客成交后商谈付款细节的一段对话。业务员："这是您预定 100 台此型号机器的协议书，按照惯例，您得预付 50% 的货款。"

顾客（仔细地看过协议书后）："那付完预付款后，机器什么时候能送达？"

业务员："大概半个月吧。"

顾客："你得给我一个确切的时间，最好能把这条也写在合同里。还有，违约细节也需写清楚……"

可见，慎重型顾客在与业务员交流时已定下目标，只是交涉到最后才说出自己的决定。这类顾客通常也是令业务员头疼的顾客，但这类顾客一旦接受了哪位业务员，他也许就会成为一个忠实顾客。

总结例 1 中的失败之处，可看出顾客没有要求改为价位低的货品之前，业务员先提出这一建议，这样反而会使顾客失去信心。遇到这种情况，先端杯茶，缓和一下气氛，谈话时，话题不要针对价位高低的货品变来变去，先作一些说明，如不能让价，但售后服务周到，也可分期付款等，引起对方购买欲后，再催促其下决心。对于例 2，业务员应了解到有些顾客为了要求减价，故意说其他店便宜些，因此这种情况下首先要让顾客明白价格绝对公道，然后严肃地说："请您再比较看看。"顾客回头再买时，一定要保持殷勤有礼，不可摆出高傲的姿态。

犹豫型顾客的心理分析

日常生活中，有许多人在开始做某事以前，大多会犹豫不决。即使是芝麻大的小事，到了想要做的时候，也总是无法下定决心。因此，时常会浪费很多时间。他们不知道自己究竟想要的是什么、想了些什么，所以会沉默，令人摸不着头脑。这类顾客不容易下决断，他们对于任何事情都犹豫不决，甚至讲话也口齿不清，他们喜欢问问题，动作不利落，有时神情会有些恍惚。

例 1：顾客在样品间里，看到一件商品，他对业务员说："对不起，麻烦您把那个拿给我看一下……"刚说完，突然眼睛一亮，"咦，那边那个也不错,也拿给我看一下。"没多久,一转头,"啊,那个似乎也不错?"顾客三心二意,很难抉择。业务员一一照办:"是啊,这种目前卖得很不错,大家通常用这款。"顾客面对柜台上已摆出的七八种商品东摸摸、西挑挑,哪种都觉得满意,又哪种都觉得有不足之处:"到底选哪一个好?哎呀呀,我眼都花了,还是不知该买哪个。这样吧,我明天再来看,麻烦您了。"于是,顾客空手而归。

例2:业务员把产品目录拿出来与顾客一起看。

业务员:"您看这个型号,它的主要特点是……"

顾客:"这种呢?"(打断了业务员的话)

业务员:"哦,这种比刚才那个更适合……"

顾客:"那下面这个呢?"

……

如同上述两个例子中的顾客,犹豫型顾客即使在洽谈的过程中,也会表现得犹豫不定。他们要做决定,却犹豫不决。这种倾向不但表现在对商品的选择,而且在谈交易条件时也是一样。他们主要有三个特点。

第一,希望一切由自己决定。犹豫型顾客总是想一切根据自己的意志,凭自己的感觉决定。这种类型的人头脑很好,一旦行动,会考虑很多,结果反而更加犹豫不定。

第二,不让对方看透自己。犹豫型顾客有讨厌被别人看透自己的心理,也许由于自以为是,认为自己与别人是不一样的意念特别强烈。

第三,极端讨厌被说服。犹豫型顾客很讨厌被人说服,特别是自认为自己想法正确的人,这种感觉也就越发强烈。如果被别人说服,他会认为是因为自己没有知识和能力。

犹豫不决型顾客可分为两种类型:第一种是顾客本身完全不懂得抉择;第二种是业务员模棱两可的回答使其犹豫不决。

面对这种类型的顾客,要记住对方第一次拿的是什么商品,数次选看的是什么商品,根据其态度,留下几种适合他口味的商品,将其余的不动声色地拿开。然后，推断顾客喜爱的商品，正是他反复选看的商品，若他再次拿起那种商品，这时用自信的口吻说："太太，我认为这种最适合您。"这通常会使顾客当场决定下来。

若旁边还有其他顾客时，可征求第三方意见，这是促使犹豫不决型顾客下定决心的方法之一。一般情况下，被问及的顾客会予以合作，且赞同率往往会很高。

在例1的特定情况下，则应该推断其第一次拿在手上的商品、多次提问的商品、放在身边的商品，然后悄悄地拿开其他商品，尽力缩小挑选范围。

顽固型顾客的心理分析

这类顾客多为老年顾客。他们是在消费上具有特别偏好的顾客。他们对新产品往往不乐意接受，不愿意轻易改变原有的消费模式与结构。

例1：保险业务员在和顾客讨论保险的必要性。

业务员："我们现在的生活是需要一些保障的。"

顾客："我都活了那么多年了，没买保险不一样过来了吗？"

……

顾客："你不就是想让我买保险吗？我不需要它，不用多讲了。"

例2：业务员和顾客在讨论产品的价格。

业务员："这是最低价格。"

顾客："不可能，你再算一遍，不可能有这么高的价格。"

业务员："我已请示经理了，我们的价格不能再降了……"

顾客："不行，你再请示一次，或者把你们的经理找来，我要让他把价格降下来。"

看过以上两个例子，我们可以感觉到这种顾客确实难对付，因为这种顾客特别要面子，不管有理无理都不愿退半步，尤其是有其他人在场的时候，他们更显得固执。

顽固型顾客主要有两个特点，业务员可以针对这两个特点采取相应的策略。

第一，坚持。这类顾客说出自己的看法后就丝毫不让步。作为业务员，一定要非常自信，顽固的人逆反心理比较强，你说是这样，他偏不信，你说不是这样，他还是反对。你越想说服他，他越固执，他那顽固的心理会表露在言行中，因此很容易观察到。

第二，保守。这类顾客以前做过类似的事，而现在再做时，发现情况变了，他们寄希望于用以前的方法处理此事，从而表现出固执的行为。如去年冬天买了一件1 000元的西服，今年冬天再去买同样西服，发现标价涨了100元，此时他会坚持不付那么多钱。他对面子看得很重要，当他深信的一切被对方反驳时，他会显得不安，感到面子上过不去，变得更加固执："我以前就用1 000元买过，没错。"

顽固型顾客对销售人员的态度多半不友好。销售人员不要试图在短时间内改变这类顾客，否则容易引起对方强烈的抵触情绪和逆反心理，还是用你手中的资料、数据来说服对方比较有把握一些。对这类顾客应该先发制人，不要给他表示拒绝的机会，因为对方一旦明确表态，再让他改变就有些难度了。

商量型顾客的心理分析

商量型顾客，总体来看性格开朗，容易相处，内心防线较弱，对陌生人的戒备心理不如其他类型顾客强。他们在面对销售人员时容易被说服，不会令销售人员难堪。商量型的顾客也十分多见。

例1：顾客手里拿着毛衣，向店员提问："小姐，我很喜欢这件外套，可那件也不错。麻烦您帮我参考一下，哪件更适合我？"店员考虑良久："这个嘛……"正要说出看法时，又听见顾客对其他的店员说："你们经验丰富，您给我决定吧！"

例2：在一家电脑公司里，一位顾客思量着并自言自语道："那些准备齐了，这个也买了，现在只剩配套软件……"看样子是在计划电脑系统的软件购置，"我想做一个系统软件。"业务员热情招呼："好的，是销售业务吗？"说着，正要站起身。顾客又说道："我是外行人，也不懂应该涉及什么，你看看我公司的材料，需要买什么全由你定好了。"业务员有些犹豫："可是……"可顾客坚持道："没关系，由你定我倒更放心些。"业务员只好答应下来。

例3：一位顾客在柜台前一边挑选领带一边问："小姐，请问这两条领带，哪一条比较合适？"店员比较了一下，说："我看这一条配您的西装正好，我选它很好。"顾客有些迷惑："怎么看得出它更配一些？"店员耐心地解释道："这条领带的底色和您西服相同，图案也与西装的条纹相似，所以我觉得这条好些。"顾客点头称是："有道理，就这一条吧，我还想买条皮带，您看哪种颜色好？"店员挑出一条："这条与您西裤色调一致，我看很好。"顾客说："就这么决定了。"

任何商品的销售过程，都会见到这类例子。这种委托业务员判断哪种商品适合自己的顾客，完全是出于对业务员的信任，因此业务员更应尽心尽责，不使顾客失望。

这一类顾客表面上是不喜欢当面拒绝别人的，所以要耐心地和他们周旋，这样不会引起他们太多的反感。对于性格随和的顾客，销售人员的幽默风趣会起到意想不到的作用。如果他们赏识你，就会主动帮助你推销。

但这一类顾客有容易忘记自己诺言的缺点。面对这种类型的顾客，业务员应确立责任心，不能以随意的态度敷衍顾客。业务员一般具有一定的经验，可以根据顾客的实际情况作出较为适当的判断，这也是顾客提问的原因。业务员应尽量避免为获取利润，极力推销贵重商品，而不管商品是否能够满足顾客的需要。业务员作出合理的推荐，使顾客满意，往往也会促进相关商品的出售。

还有，业务员应选择在恰当的时机提出建议。千万不可在顾客尚未仔细挑选时就急不可耐地说："这个跟您很相配。"这往往会使顾客感到过于唐突。例1、例2中的业务员处理较为合适，说出自己的建议，并留一定时间给顾客考虑定夺，争取到顾客的信任，也就等于争取到了自己的声望与巨大的商业利益。

交际型顾客的心理分析

擅长交际者的长处在于热情而幽默。他们能迅速把别人争取过来，并使其他人投入其完成任务的活动。这类顾客是很受业务员欢迎的，因为他们会主动和业务员接近，使双方从开始就没有距离感。

例1：业务员和顾客初次见面。

业务员："您好，我是……"

顾客："哦，你好，来一趟不容易吧？辛苦你了，干你们这行的真不容易……"

双方已经很亲热了。

例2：业务员和顾客在讨论送货的问题。

业务员："我会在10月1日前把所有货物送到您的公司。"

顾客："好啊，到时你也会去吧，我们一起去我们那里看看，我们那里有……"

交际型顾客很容易适应变化的局面，不管话题是什么，他们总有话可讲，而且常以令人感兴趣的方式把话讲出来。其弱点是有时表现过甚，被视为矫揉造作或装腔作势；不注意细节，对任何单调的事情或必须单独做的事情都容易感到厌烦。

这种类型的顾客很容易对付，但要他做最后的决定则是一件很困难的事，因为他很喜欢说话，一谈起来就天南海北聊个没完。这时，销售人员不可让他一直讲下去，必须很巧妙地将话题引回到推销事务上。此时，销售人员一定要保持着很亲切、很诚恳的态度，否则他便会认为你不尊重他。

因此要赞成他的想法、意见，不要催促讨论，不要争论、协商细节，书面归纳双方商定的事情，使推销谈话有趣并行动迅速。

在向他们推销的时候要做到：计划要令人激动并关心他们；要让他们有时间讲话；坦率地提出新话题；研究他们的目标与需要；用与他们目标有关的经历或例证来提出你的解决办法；书面确定细节；要清楚而且直截了当。

对这种类型的顾客要：促进——向他们提供激励及证明书，他们喜欢获得"特殊交易"；赞扬——给他们充分的机会来谈论，注意倾听；纠正——确切说明问题是什么以及需要哪些恰当的行为来消除顾虑。

爽快型顾客的心理分析

爽快型顾客一般最受业务员欢迎。这类顾客选择快、不讲价。以下即是爽快型顾客的两个例子。

例1：顾客问业务员："麻烦您能不能让我看一下这个样品？"业务员应声道："好的。这台吗？"顾客肯定地说："是，就是这个型号。多少钱？……好，就这台吧。"业务员心里高兴得很——要是顾客都这样该多好。

例2：顾客走进体育用品商店，问道："你们这里有没有李宁牌运动服？有的话，拿给我看一下。"店员一面翻找，一面提问："李宁牌运动服吗？有的，不过款式很多，麻烦您到这边挑选好吗？"顾客跟了过去："嗯，好，好，我就要这一套。"

这种类型的顾客虽为店主所欢迎，但往往也使店主良心不安，店主也在想为什么这些人出奇爽快，自己随意建议几句即可使他们下定决心。其实，这些顾客除本性爽快外，还有以下原因：一是信任该公司或业务员；二是信任商品；三是事先看过。

爽快型顾客信任公司或业务员，对这种信任应小心维护，切不可下意识地随便了事。业务员要满怀激情、满怀喜悦地面对这种可爱的"上帝"。要明白这样的道理：自己说不如借别人的口说，自己声嘶力竭，不如朋友之间绵绵细语，同时注意自身的不断充实，这样才能收到理想的效果。

业务员如果遇上了脾气暴躁的人，一定要尽力配合他，也就是说话速度要快一点，处理事情的动作应利落一点，介绍商品，只要说明重点即可，细节可以省略。因为这种人下决心很快，所以业务员只要应和他，生意就很快做成了。

刻薄型顾客的心理分析

业务员在销售的过程中难免遇上一些较刻薄的顾客,让业务员头疼不已。请看下面的两个例子。

例1：业务员在和顾客初次会面后，正在向顾客介绍产品。

业务员："我觉得该产品很适合您的家庭。"

顾客："你这么热诚，真是辛苦了。因为你们的产品不好，所以我一点也不想买。"

业务员："我想……"

顾客："我是不想买的，你这不是浪费时间吗？"

例2：业务员向顾客介绍产品的售后服务。

顾客："我朋友买了你们的产品后大呼上当。"

业务员："是吗？那您的朋友应该及时和我们公司沟通啊。"

顾客："买了你们的产品以后就没有售后服务了。在没有买之前，你们就说产品怎么好、服务如何周到等，但是一买下来，就不是那么一回事。"

不可否认，有时候顾客并非出于求好心切，而作出善意的批评，也不是发自内心才这样说的，而是想胡乱地挖苦别人一番。有的是顾客的性格使然。

业务员都不愿意自己遇到刻薄的顾客。确实，与这类顾客相处会很难受。既要考虑销售，又不想"忍气吞声"。刻薄的人不一定就是心肠坏，有时他们只是为了发泄压抑在心中的各种不良心绪，便表现出"一触即发"的过激、苛刻的行为。因此，你不必总认为他是故意跟你过不去。

一般来说，销售员对待这类顾客要把自己作为这类顾客的出气筒，让他发泄够了以后，你仍彬彬有礼地一言不发。这时他也许会感到不好意思，解释自己只是对伪劣产品和不法厂商有意见，"你的东西还是很不错的"，于是他会买上一两件作为掩饰。

如果这招不灵的话，你就得考虑另一种策略了。因为总是一味示弱也是不可取的。当对方十分过分时，你可以将你的视线正对他的眼睛，用不着任何言语，对方便会马上感觉到："是我错了吗？"

这时你就可以提些意见，但也得注意言辞委婉，"或许……比较好吧？""是不是可以……呢？""我认为……你说呢？"等等，用平和商量的口气，使对方既易接受，又不至于引起反感。

虚荣型顾客的心理分析

人人都有虚荣心，只是程度不同罢了。我们这里的虚荣型顾客是指虚荣心、嫉妒心都比较强的一类顾客。

例1：某位保险销售人员在和一位顾客进行沟通。

业务员："您每月的收入与其花在其他方面，还不如留一部分来为自己买一份保险。"

顾客："是啊，我每月最大的支出就是衣服和化妆品，你看，这件刚买的上衣8 000多元……"

例2：在一家首饰商店里，一位顾客正在选戒指。

店员："您看看这款，价格还是比较实惠的。"

顾客："哎哟，这哪行啊，我的项链20 000多元呢，至少得和它相配才行吧……"

这一类顾客在与人交往时喜欢表现自己，突出自己，不喜欢听别人劝说，任性且嫉妒心较重。很多时候业务员可以从顾客的表情和语言来判断出这类顾客，他们在与业务员沟通时会着重显示他们的高贵，即便有时在吹牛。

对待这类顾客要熟悉他们感兴趣的话题，为他提供发表高见的机会，不要轻易反驳或打断其谈话。在整个推销过程中销售人员不能表现太突出，不要给对方造成对他极力劝说的印象。如果在推销过程中你能使第三者开口附和你的顾客，那么他会在心情愉快的情况下作出令你满意的决策。对待这类顾客有以下两种办法。

第一，赞美，甚至奉承。对待虚荣型顾客，即使你早已看出他在吹牛，你也假装糊涂地附和一阵："你穿上它好漂亮啊！""它真适合您的气质呀！"甚至奉承他，道："你真会买东西啊！"

像这种"谎言"，说上几箩筐也没关系，既给人家以快乐，又能锻炼自己的口才，何乐而不为呢？记住：一个善于包容他人缺点的人，总比别人拥有更多的成功机会。

当然，"奉承"的时候千万不能说漏了嘴。比如，说"某某公司，早就有了比你先进得多的产品了"之类的话易引起顾客的反感。相反，你可以这样说："某某公司花了三倍的价钱才买到。"从而激发她的购买欲。

第二，刺激。比如，故意对对方说："某某明星虽然年纪也有你这么大了，可还是那么漂亮。"此时，如果对方立即变脸或面红耳赤，那么您的目的便已达到，应立即采取补救措施，迅速说出该明星的若干不是来批评一通，对方肯定会露出非常愉快的表情。然后，你便接着赞美这位嫉妒心强的顾客，而且最好跟不特定的多数人作比较，数出他（她）的"优点"，这样效果会更好。

咨询型顾客的心理分析

咨询型顾客就是指那些摆出要买的架势，却又无心购买的顾客。但他们的数量是占绝大多数的，而且大多数成交的顾客都是从这类顾客转化来的。所以，了解这类顾客对于业务员来说是至关重要的。这类顾客的行为可以用以下例子来体现。

例1：一位打扮时髦的妇人走入店里，在特价柜台前久久流连，不停地翻动小孩子穿的衣服，一会儿低着头，好像在考虑些什么。导购小姐走到她的身边打招呼说："夫人，这些都是给小男孩穿的衣服。"那位顾客也不搭话，快步离开了这个柜台。走了没几步，她又停在店门口堆满内衣裤的特价柜台前，又开始翻看那堆衣服。导购小姐见状，又走过去招呼说："是太太自己要穿的吗……"话没说完，顾客扔下一句"下次再来"，就快步走掉了。这幕景象在每家商店都不知要上演多少回，不知有多少店员满心欢喜地看着顾客的到来，又懊丧地看着他们扬长而去。

例2：一个顾客正在挑选手机，业务员走过来介绍说："先生，这款手机与其他的手机不同……"顾客回答说："嗯，不过我想它的按键摸起来感觉有些不方便……"业务员赶紧插话："不会的，您可能感觉它有些不方便，但是用过的人都说这种按键操作简单、方便，这一点您大可放心，绝不会出现问题的。"顾客看了他一眼："是吗？但我还是觉得有些麻烦。本来我今天也没打算要买，我看还是改天再过来看看好了。"

如果咨询型顾客很多，那对于公司或业务员来说是有很大益处的。今天顾客上门咨询，说不定明天或后天他就会来购买。所以说咨询型顾客也可以称为潜在的顾客，他们至少比过门而不入的顾客更受欢迎。

据统计，顾客购物时一般分成两类：第一类是已经决定要购买的，这些人占顾客总数的20%；第二类是心里先有个底，等到在店里参观后再做最后决定，这些人占 72%。所以说，咨询型顾客是最大的潜在购买力。

那么如何接待这类顾客呢？

第一，如果顾客刚进门，业务员急忙上前招呼的话，很容易导致例 1 中的那种后果。最好的办法是，当顾客驻足于某个场所，拿起商品仔细考虑时，业务员要先观察他的表情、态度，再轻声招呼"欢迎光临""请您慢慢看"或"请拿起来看没关系"，如果顾客点头回应，再找适当机会接近他们。记住，过度地纠缠或不断地解说容易令顾客厌烦，本来有意购买的顾客也会变成"咨询顾客"。

第二，顾客只要走进了你的门，这就表示他有意购买你的商品，或对某种商品感兴趣，虽然他这次空手而去，但这份心意却不得不领受，店员应该愉快地送他们出去，并说"欢迎您下次再来""谢谢您的光临"等。

购买型顾客的心理分析

购买型顾客是指顾客直接上门要求消费。这类顾客是最受业务员欢迎的，因为他们不需要业务员费什么口舌就可以达成协议。这类顾客的行为可以从下面的例子来体现。

例 1：某汽车销售大厅内，一位顾客匆匆来到问："你们这里有××汽车吗？售价是 79 000 元？"

业务员说："是啊，就是那边的那辆！"

顾客："好，可以进行分期付款吗……"

一笔业务很快就成交了。

例 2：某公司销售部里，业务员甲接到一个电话。

业务员："你好，兴海家具销售部。"

顾客："请问是张强吗？"

业务员："哦，我就是。请问您是哪位？"

顾客："我是宋志军的同事，他上次买的那套家具还有吗？"
业务员："有啊！"
顾客："那我也买一套，价钱是一样的吧？"
业务员："那当然。"
顾客："那我给你个地址，明天可以送到吗？"
……

一般来说，购买型顾客如此痛快地消费基于以下几个原因：产品的质量信誉好；业务员的信誉好；有熟人介绍；事先咨询过；性格使然；老顾客。

当然，这类顾客是很受业务员欢迎的，因为做他们的生意很容易。也许有些业务员认为这类顾客是不要太多费心的，但就是这个观点，让许多业务员失去了本来属于自己的忠实顾客。其实这类顾客更需要业务员完善的售后服务，使他们感觉到在你这里消费是十分值得的。

业务员可以通过以下三种方法来创建更优质的售后服务。

①多和顾客聊聊关于信誉的问题，使他感到买得放心。

②如果是你的朋友介绍来的顾客，应多和他谈些私人问题，让顾客和你更亲近。

③售后要多打电话咨询顾客使用情况。

磋商型顾客的心理分析

磋商型顾客是指针对某一商品，顾客与商家在价格、服务、权限等问题上与商家进行谈判的顾客。这类顾客已经对商品产生了浓厚兴趣，只是还需要业务员再下一些工夫。这类顾客的行为特点主要有以下几点。

①温柔型。挑选一番后作委屈状，说："没办法了，只好将就这个吧，能不能便宜一点呢？"

②粗鲁型。他们认为店方理所当然要减价，天经地义，毋庸置疑，所以

他们开口就是："怎么样？你打算打几折？"

③施恩型。顾客摆出一副可怜的样子说："先生啊，你也要替我想想，我特地从那么远的地方跑到你这里来，好歹你也要送货上门吧？"

④软硬兼施型。顾客说："这一条街上那么多家商店我都没去，直接就来你这儿。冲这点你也应该少算一点才是啊。"

⑤理解体贴型。顾客深明大义："好了，你不要说了，我也知道你做一笔生意也不容易，也不好意思要你打五折，但是我现在情况也比较困难，你看能不能打个七折吧。"

⑥牵制型。顾客利用其他商店的价格来逼你让利。比如说，一个顾客故作惊讶地嚷道："哎呀，这怎么这么贵啊？你看那家公司……"

⑦笑里藏刀型。顾客自言自语地说："不降低没关系，顶多不买罢了。"

业务员面对这类顾客可能会感到很难受，但从顾客的角度讲，他们有权利也有原因就购买的产品与业务员进行磋商。只不过有的顾客的态度会让业务员难以接受，怎么面对他们是推销工作的难点。一般来说，应对此类顾客可以采取以下策略。

如果产品确实还可以调价，或有余地附加其他服务，可以根据顾客的实际情况进行谈判。

如果你的产品是按照统一的规定进行定价和确定服务的，那必须做到以下几点。

①对以统一价格售出去的商品一定要有完善的售后服务及愉快的接待态度，要让顾客感到满意。必要的时候还可以赠送给顾客一些附属品和礼物。

②不管对方是谁，不管他有何种理由，店方绝不能为其所动，一次破例将前功尽弃，以前的心血都会化为泡影。

③要持久地宣传本店推行言不二价的活动。最好给顾客发放一些宣传单，注明"本店实行言不二价，请各位安心购买"。

如果你确实做到了以上三点，顾客还执意磋商，那可以用"是的……但是"来应对，比如说："您说的是，不过恐怕要让您失望，我们有我们的困难，这个价格实在不能再降了。"但一定要记住，态度要显得郑重有礼。

替人跑腿的顾客，有何诉求

许多顾客买东西并不是为自己买，而是受人之托，或者是顺便帮别人捎带购买的，这种顾客我们称为替人跑腿的顾客。

例1：一个小孩跑到店员跟前说："阿姨，您好。"店员摸了摸她的小脸蛋说："小姑娘，欢迎你光临。"孩子问："前几天我妈妈拜托你们店修理的皮鞋修好了吗？"店员问："你妈妈是谁呀？"孩子回答："我妈妈姓程，这是发票。"店员说："哦，是程太太，你等一下，皮鞋已经修好了，我这就拿过来。"店员笑着将皮鞋递给跑腿的小女孩。孩子仿佛还有些不安。店员赶紧说："不要紧，不用付钱的。"孩子很高兴，一蹦一跳地走了。

例2：一位顾客问业务员："您好，我是盛大公司李经理派来的。我们经理订的产品不知道到了吗？"业务员回答说："请您稍候，我去看看。嗯，小王把李经理的订单拿过来，他的服务员在这里等呢？"业务员这一叫，大厅的客人都把目光投向了这位顾客，她羞得低下了头，拿着订单逃也似的走了。

例3：一位顾客走到样品间，说："就这一款吧。于先生今天刚好没空，我把这个样品拿回去给他看看可以吗？"

业务员说："当然可以了。我向您介绍一下这款产品的主要特点……"

顾客说："不用介绍了。我把这个先拿给他看，他会打电话向你咨询的。"

在销售中有一条戒律，不管对方身份如何，即使是个乞丐，只要他有意买东西，都是你的顾客，都是你的"上帝"。所以，业务员在面对替人跑腿的顾客时，也应当做到客气、有礼貌。跑腿的顾客一般不是孩子就是服务人员，他们都处于弱势地位，希望不要被人冷落在一旁。不管跑腿的顾客是何身份，委托者都是信任他才要他跑腿，这种顾客兼有自己和委托者双重人格。慢待跑腿的顾客就是同时得罪了两个顾客。业务员除了要热情接待跑腿的顾客之外，还要通过跑腿的人对委托者说一声"谢谢"。

寻求售后服务的顾客，有何诉求

任何商品都不是十全十美的，顾客在购买后可能由于产品的质量问题和卖方的承诺没有兑现，他们就会设法寻求售后服务。只要是做销售这一行的，那就肯定要面对寻求售后服务的顾客，包括要求退货、换货、售后服务的磋商等。

例1：一个顾客进门就说："对不起……"店员殷勤地跟她打招呼："欢迎您光临。"顾客忐忑不安地说："非常抱歉，昨天在你们这买的这个皮包，回去以后才知道，我女儿也买了一个一模一样的，我不知道能不能退换……"店员的脸一下子就沉下来了："哦，要退货啊……好吧，让我先看一下。"店员拿起皮包，仔细地检查有没有使用过，有没有沾上污点，直到挑不出毛病了，才说："好吧，皮包我收回，但您至少也要找其他什么东西替换……"顾客为难地说："今天我不缺什么啊，您能不能退现钱？下次我会再上这儿……"店员一脸的不情愿："好了好了，就退给你吧，下不为例哦。"

例2：顾客："你们的这台复印机好像没有你们承诺的那么好啊，功能好像比别家产品要差。"

业务员："请问您是觉得哪个功能比哪一家的复印机要差？如果是某某牌复印机，具有六个刻度调整复印的浓淡度，因而你会觉得我们的复印机的功能好像较差。但贵企业的复印机非由专人操作，任何员工都会去复印，因此调整浓淡的按钮过多，员工往往不知如何选择，常常造成误印。这台的复印浓度调整按键设计有三个，一个适合一般的原稿；一个专印颜色较淡的原稿；另一个专印颜色较深的原稿。"

例3：有个顾客来店里换货，说："前些时候我在你们这里买了这件大衣，但又嫌颜色太淡了，能不能换一件比较鲜艳的？"店员说："我先看看……哎呀！这里好大一块污斑啊，您是不是穿过了啊？"顾客赶忙辩解："没有的事，一次也没有穿过。"店员这才拿出两三件较为华贵的大衣给顾客挑。顾客挑了一件，一问价，吓了一跳："这么贵呀？差了1 000块钱啊，这怎么办？"店员说："价格是差一点，但质量要好得多，而且您退的大衣又弄脏了……"这一来顾客才不情愿地换了一件更贵的大衣。

只要是做销售，就一定要具备处理顾客投诉的能力，一般来说，应对这类顾客应把握以下三个原则。

（1）有据可依。这是指针对像例1的情况，在任何商品的售卖过程中，商家和顾客都是有权利和义务的，这都是有具体的规范的，比如产品三包规定或买卖双方签订的协议等。所以，在处理顾客投诉时，一定要以具体的规范为原则。

（2）适当让步。市场经济中，只要谁能赢得顾客的心，谁就将立于不败之地。所以在处理投诉时，如果你做一点点让步，那也许你就会赢得一位忠诚顾客。

（3）切勿争辩。不管顾客如何批评我们，销售人员永远不要与顾客争辩。争辩不是说服顾客的好方法，正如一位哲人所说："您无法凭争辩去说服一个人喜欢啤酒。"与顾客争辩，失败的永远是销售人员。一句销售行话是："占争论的便宜越多，吃销售的亏越大。"

促销活动引来的顾客，有何诉求

促销活动是一个主要的销售手段，促销活动会吸引更多的顾客。有一些顾客购买商品就是因为赶上了促销活动，也许顾客并不需要该商品，但促销活动促使他们提前购买了商品。但在购买过程中，顾客的表现是不同的。

例1：一个在抢购的人群中挤得满头大汗的顾客问店员："先生，你们这还有没有一件干净一点的衬衫？就是这个式样，这个尺码，这件上面有污斑……"店员对顾客说："对不起，这件衬衫上刚好有点污渍。太太，您能不能稍等片刻，让我帮您找找这里面有没有干净一点的。"

例2：一位顾客匆匆忙忙闯进店内，风风火火地问业务员："你们在报纸上登的特价电视在哪儿？"业务员想了一想说："你问的那个呀，已经卖完了。"顾客显然对业务员的这种冷漠的态度很不满意，追问道："你们不是刚刚开门营业吗？怎么卖得这么快？"业务员丝毫没有在意顾客的不满，说："没错啊，但是谁不想买到这么便宜的电视呢？一大早就有许多顾客在外面等了，等到一开门，他们一拥而入……"顾客似乎不很相信："真的吗？你们到底有几台这种电视？"业务员只敷衍了一句"有好多"，就一个劲地开始推荐其他的商品了："我看这样好了，太太，您看看这款电视，它的质量远远比特卖品好。便宜无好货，还不如多花几个钱呢。"顾客丢下一句"我对这种电视不感兴趣"，就离开了。

一般说来，在以特卖形式进行促销的活动中，来的很少是老顾客。你看着商店里人头攒动，但都是一张张生疏的新面孔。这些顾客大多是冲着打折的时机专门来购买特卖品的。一定要明确促销的目的主要是通过让利给顾客来答谢平日里光临的老顾客，同时也借这个机会与一些新顾客结缘，以求他们下次能够上门购物。在上面的第二个例子中，业务员的态度是很差的。他们不但不感激顾客的惠顾，反而摆出一副高傲的姿态，好像卖特卖品给顾客是让顾客占了便宜似的。这使顾客感到变了"味"，会有上当受骗被愚弄的感觉，心中会不高兴。这样的打折特卖活动有百害而无一利，办了还不如不办。既然已经举办了让利酬宾的活动，就要利用这次机会将顾客牢牢地吸引住，不只打算做一两次生意，而要让他们成为长期的固定顾客。我们明知道这种顾客是冲着特卖品来的，也不能因此而歧视他们或接待不周，而应该用感激的心和他们打招呼。

Chapter 04
聪明人的销售口才学

一个人要想在与别人的交往中取得有利地位，获得成功，离不开好的口才，而销售工作尤其如此。

有人说："销售全凭一张嘴。"这句话虽然过分夸大了口才在销售过程中的地位和作用，但却形象地说明了口才对销售成败的重要性。

本章详细阐述了开场白设计、提问式销售、客户沟通、倾听、赞美等各方面的口才运用技巧，为销售人员演绎了销售口才的训练过程，再现了优秀销售人员与客户在不同环节和场景中沟通的艺术，将帮助销售人员全面提升说话水平和沟通技能。

约见客户时，设计好开场白

业务员给客户的第一印象很重要，甚至直接影响到说服的效果。而要想给客户留下良好的第一印象，一定要注意你的开场白。

开场白是业务员与客户见面时，前两分钟所说的话。这可以说是客户对业务员第一印象的再次定格（与客户见面时，客户对你的第一印象取决于你的衣着与言行举止），虽然经常讲不能用第一印象去评判一个人，但我们的客户却经常用第一印象来评价你，这决定了客户愿不愿意给你机会，让你继续谈下去。

一般来讲，标准的开场白包括以下几个部分。

（1）感谢客户接见你并寒暄、赞美；

（2）自我介绍或问候；

（3）介绍来访的目的（此中应突出客户价值，以吸引对方）；

（4）转向探测需求（以问题结束，好让客户开口讲话）。

在交谈的过程中可以适当、适时地运用一些恭维用语。

有时候恭维别人是一种美德，但不要说些违心的话。只要用词得体或是发自内心深处的话，对方一定会非常高兴的。

谁都有自尊心，也总是希望别人能对自己的长处给予肯定。如果你能把握这一点，满足对方的这种欲望，那就能取得成功，对方还会认为你是个会体谅别人的人，说不定他能把"心"也交给你。

作为销售人员有时候在外貌上有些缺陷，千万不要为此自卑和不安。

有时候，身体方面的缺陷还可能会得到意想不到的效果。例如，一位身体瘦小的销售人员，在他访问客户时的第一句话就开玩笑地说："风真大，眼看就要把我给吹跑了。"如果是一位胖乎乎的销售人员则可以说："因为太急，所以我今天这样连滚带爬地来了。"客户一听，一定会忍不住笑出声来。扮演丑角一般不会伤害你的自尊心，只要双方一笑，相互间的距离一下子就拉近了。任何不好解决的问题，只要"丑角"一登场，通常就可迎刃而解了。

有时候，面对别人的提问会作出这样的回答："我从事人事资源管理工作。"这是非常不恰当的。

你应该回答："我们提供高素质的紧急临时员工给诸如贵公司之类的企业，如此一来，当公司有职员生病、缺席或请假时，你们就不会因此而蒙受生产力的损失或降低对客户的服务品质。"如此漂亮的回答，一定会让准客户对你留下深刻的印象。

开始与客户沟通时，可试着用以下几种方法。

1. 寒暄

先叙饮食起居，聊家常，由个人的身体、工作，谈到家庭、孩子的情况，天南海北地讲一通，再讲点新闻、说点笑话，使推销气氛融洽热烈，然后引入正题。

2. 金钱

几乎所有的人都对钱感兴趣，省钱和赚钱的方法容易引起客户的兴趣。比如，"张经理，我是想告诉你，让贵公司节省一半电费的方法。"

"王厂长，我们的机器比你目前的机器速度快、耗电少、更精确，能降低你的生产成本。"

"陈厂长，你愿意每年在毛巾生产上节约 5 万元吗？"

3. 有时效的话语

例如，"我觉得这个活动能给您节省很多话费，同时也截至 12 月 31 日，所以应该让您知道……"

这种时间的限制会让客户产生紧迫而稀有的心理。

4. 利用赠品

每个人都希望得到意外的馈赠，赠品就是利用人的这种心理进行推销。很少人会拒绝免费的东西，用赠品做敲门砖，既新鲜又实用。

5. 以著名的公司或人为例

人们的购买行为常常受到其他人的影响，销售人员若能把握客户这层心理，并好好地利用，一定会收到很好的效果。

"李厂长，公司的张总采纳了我们的建议后，公司的营业状况有了很大的起色。"

以著名的公司或人为例，可以壮大自己的声势，特别是，如果你举的例子，正好是客户所景仰或性质相同的企业或人，效果会更好。

6. 真诚的赞美

赞美准客户必须要找出别人可能忽略的特点，使准客户知道你的话是真诚的。

下面是两个赞美客户的开场白实例。

"林经理，我听华美服装厂的张总说，跟您做生意最痛快不过了。他称赞您是一位热心爽快的人。"

"恭喜您呐，李总，我刚在报纸上看到您的消息，祝贺您当选十大杰出企业家。"

7. 借助"第三者"

告诉顾客，是第三者（顾客的一个朋友或者是一个亲戚，总之是一个熟人）要你来找他的。如此一来，顾客是不会不搭理销售人员的。正所谓"不看僧面看佛面"。

"章先生，您的好友王大伟先生要我来找您，他认为您可能会对我们的纸张感兴趣，因为这些产品为他的公司带来很多好处与方便。"

打着别人的旗号来推介自己的方法，虽然很管用，但要注意，一定要确有其人其事，绝不可能自己杜撰，欺骗顾客是绝对不好。那样，将会使你陷入更加尴尬的境地。

为了取得顾客的信任，若能出示引荐人的名片或介绍信，效果更佳。

8. 恭喜别人也是一种方法

"您早，林董事长，我是汽车公司的业务代表，听说令爱不久就有喜事了，恭喜！恭喜！我想利用这个机会，向您推荐我们最近进口的一种敞篷跑车，设计新颖，款式别致，装备齐全，适合新婚夫妇度蜜月、郊游和上下班之用。所以，我想在今早六点半到您府上，或明天中午到您办公室去，亲自向您说明细节如何？"

销售人员利用此法约见，必须对消息来源的可靠性有十分的把握，包括：顾客家确有嫁女的喜事；有增添一份别开生面的礼物，作为嫁妆的意愿；确信顾客具有购置一辆贵重汽车的财力等。

9. 提及客户现在可能最关心的问题

例如，"听您的朋友提起，您现在最头疼的是产品的报废率很高，通过调整了生产流水线，这个问题还没有从根本上得到改善……"

10. 提起他的竞争对手

例如,"我们刚刚和××公司有过合作,他们认为……"

客户听到竞争对手,就会把注意力集中到你要讲的内容上。

11. 用数据来引起客户的兴趣和注意

例如,"通过增加这个设备,可以使您的企业提升50%的生产效率……"

"我知道贵企业现在的产品废品率比较高,如果有一种方法能使您的废品率降低一半的话,您是否有兴趣了解?"

上面这些方法表达可结合交叉使用,重要的是要根据当时的实际情况作出合适的选择。

另外,又是销售人员与客户会面时,刚开始的10分钟气氛很好,可过了一会儿,就不知道该和客户谈什么了。一定要记住,为了使客户开口讲话,一定要以问题结束你的开场白,或者顺势带入新的话题。否则,会使拜访陷入暂时的僵局。

在销售中,善于提问好处多

销售行为的成功,很大程度上依赖于销售人员对客户的了解程度。因此,向客户提问的过程是销售人员获取有价值信息的重要过程。提问,就是发现问题、解决问题的最好方式。学会提问,善于提问,便是成功销售的又一技巧。销售活动中的提问是非常重要的。有人说,没有不好的销售结果,只有不好的发问方式,因为你的发问方式已经决定了这样的销售结果。有很多的销售员培训要时刻迎合客户的需求,而不是引导客户的需求,现象就是客户一个劲地在问,弄得销售员疲于应付,总处于被动。客户一直在提问,是在探你的底牌。而你不知道客户真正关心的是什么,主要的问题在哪里。

1. 掌握提问技巧的好处

一般来说,和客户打交道时,提问要比讲述好。销售工作从某种程度上与医生有着异曲同工之妙。中医讲究的望、闻、问、切四种疗法，这在推销界同样适用——推销人员必须掌握察言观色的技巧，同时还必须学会根据具体的环境特点和客户的不同特点进行有效的提问。在生意场上，巧妙地向客户提问对于销售人员来说有着诸多好处。

第一，发现客户需求。发现客户的购买意图，以及思考怎样让客户从购买的产品中得到他们需要的利益，从而就能针对客户的需要为他们提供恰当的服务，使买卖成交。

第二，保持良好的互动关系。当销售员针对客户需求提出问题时，客户会感到自己是对方注意的中心，他在感到受关注、被尊重的同时，会更积极地参与到谈话中来。

第三，掌控谈话进程。主动提问可以使销售员更好地控制谈话的细节以及沟通的总体方向，更容易引着客户按照自己的思路走。经验丰富的销售员都善于利用提问来逐步实现自己的推销目的，并且还可以通过巧妙的提问来获得继续与客户保持友好关系的机会。

第四，避免出现误会。在与客户沟通的过程中，很多销售员经常会遇到误解客户意图的问题，不管造成这种问题的原因是什么，最终都会对整个沟通造成非常不利的影响，而有效的提问则可以减少这种情况的发生。

所以，当你对客户要表达的意思或者某种行为意图不甚理解时，最好不要自作聪明地进行猜测和假设，而应该根据实际情况进行提问，弄清客户的真正意图，然后根据具体情况采取合适的方式进行处理。

2. 一次只问一个问题

在与客户交谈时，一次不能连续问几个问题，只能一次问一个，而且要等他回答后才问下一个。比如说，有的讲师讲课时会问："各位，成功需要下定决心，对不对？"结果没有一个人反应，他还继续问："一个人成功需要努力，对不对？"又是没有人回答，他又问："一个人成功需要很好的销售技巧，对不对？"还是没有人回答。这样会越问越死。而在我的讲课中，当我问："各位，一个人要成功，需要下定决心，是还是不是？"学员如果不回答，我就不问下一个问题。我会选一个学员代表来回答，一直等到有人回答为止。

3. 再问一遍

你前面问过的问题在后面的谈话中再问一遍，如对方不回答就再问。有很多销售新手不懂这个，每次连续问几个问题，人家不知道回答哪个，要不就是问一个问题客户没有给他回应，没有沟通，然后他就又问另外的问题，这样客户是基本上没有心情听你讲话的，拉动不了他的成交情绪。要明白，客户购买产品的同时还要从中得到精神上的享受。

4. 注意重复、停顿、反问

重复，就是当对方没有回答时你要重复一遍，当对方没有搞清楚什么意思时你要重复一遍，当对方对你说的事情没有高度重视时你要重复一遍。停顿，就是你提问后，一定要停顿一下，给客户留下足够的回答空间。很多销售员爱犯的毛病是沉不住气，自己先开口或自问自答。通常在提问之后，马上闭口、停顿，眼睛注视客户，颔首微笑，直到客户说出他所要听的信息。顶尖的销售高手非常注意提问之后的处理，他们努力克服提问后的惯性论述。反问，就是当对方问了一些你觉得不好直接回答的问题，你可以反问对方。比如，有人问："老师，我能不能免费听你的课？"我就说："你觉得可以吗？"他说："可以。"我就说："你觉得可以，那其他人怎么想呢？你免费，其他人交费，合理吗？你让我做人公平一点，好吗？"

5. 对于提问的忠告

在约见客户之前，销售人员应该根据实际情况针对最根本的销售目标进行逐步分解，然后根据分解之后的小目标确定各个小问话。这样一来，既可以避免因谈论一些无聊话题而浪费彼此的时间，又可以循序渐进地实现你的目标。

要尽可能地站在客户的立场上提问，不要紧紧围绕着自己的销售目的与客户沟通。

初次与客户接触时，最好先从客户感兴趣的话题入手，不要直截了当地问客户是否愿意购买，一定要注意循序渐进。

开放式提问和封闭式提问

一般来说，销售人员对客户的提问可以分为选择式提问、开放式提问和封闭式提问。选择式提问在前面的选择成交法中已经介绍得比较清楚，在这里我们重点介绍一下开放式提问和封闭式提问。

开放式提问的目的，在于取得信息和让客户自由表达其看法和想法。它是指能让潜在客户充分地阐述自己的意见、看法及陈述某些事实现况的提问方式。通过开放式提问取得的信息主要集中在以下几个方面：一是了解目前的状况及问题所在；二是了解客户的期望；三是了解客户对本产品的看法和对竞争对手产品的看法；四是让客户自由表达观点。这类的提问句一般有："您的意思是……""那您怎么认为"，等等。

封闭式提问是让客户就某个主题明确地回答"是"或"否"。这类提问是为了获取客户的确认和缩小谈话的范围。销售人员进行产品推销有明确的推销目的，但是客户并不知道。客户在倾诉自己的想法时，销售人员是不宜打断的。但是可以通过封闭式的提问来将客户的思考范围界定清楚，避免客户离题太远，也节约推销时间。

有五种提问方式在销售过程中是十分有效的。

1. 中性封闭式提问

这种提问方式可以引出一个"是"或"不是"的回答。这是个明确的、不容置疑的回答。

"您会说意大利语吗？"

"你参观车展了吗？"

"贵公司是否有工会？"

这种中性封闭式提问，一般都充当对话过程中一系列问题的一部分，虽不能引发对方详尽的回答，但却对分辨和排除那些次要的内容很有帮助。这样就可进一步提问了。

卖方："你们的产品是否出口美国？"

买方："没有。"

卖方："贵公司对出口美国会否感兴趣？"

买方："是。"

卖方："我们可以……"

中性封闭式提问往往以下列几种形式开头。

"您会否……"

"您是否……"

"您可否……"

2. 中性开放式提问

中性开放式提问的目的是获得大量资料。其回答的形式并不由提问者来控制。无论对方的回答多详尽，仍仅仅局限于被提问者所愿意提供的内容而已。

"哪些因素会影响你们的决定？"

"贵厂的生产部经理如何判断催化剂的浓度是否合适？"

"为什么小组会议延迟举行？"

3. 中性诱导式提问

交谈的环境或背景已经确定，因此对方的回答会受到一定的限制。被提问的人虽说可任意回答，但这种回答对你所关心的问题肯定有一定的参考价值。中性诱导式提问一般涉及下列几方面的问题。

"何时……""谁……""……在什么地方？"

"你们什么时候发现零件出了问题？"

"谁负责这次罢工行动？"

"我该到哪去找副本呢？"

4. 另有用意的否定式提问

提问者以一种否定形式的提问对对方的回答施加巨大的影响力。这种提

问的前几个字通常是这样的:

"你不会……"

"你不……"

"你没有……"

提问的人还应该边讲边摇头,这样就可以有效地诱使对方作出否定的回答。就算打电话时提出问题也要摇头,跟顾客在电话中交谈时一定要面带笑容。身体的动作可以加强语气。

"既然如此,您一定认为我们现在不需要继续供应这些货了,对吗?"

"你们并未决定否决会长的提议,是吧?"

5. 别有用心的肯定式提问

如同中性诱导式提问一样,这种提问也能对回答起引导作用。提问的人一开始就先把对方恭维、吹捧一番,然后在此基础上再提问,对方如果不小心,意志不坚定,则很难摆脱这种事先设计的圈套。

"议员先生,您有多年从事这种工作的经验,一定同意这是最妥善的安排,是吧?"

"陈先生,您是这些人当中最上镜的,一定愿意出镜,对吧?"

下工夫掌握和运用这些提问技巧,会让你受益无穷。运用这种技巧可以使电话交谈按照你所设计的方案顺利进行。以下我们用一家针织品公司与顾客的对话,说明一下该技巧。

销售人员:"容先生,您好,我是美诗针织品有限公司的罗利华,您要购买针织服装吗?"

买方:"要。"

销售人员:"您要买男士针织服装吗?"

买方:"要。"

销售人员:"您要针织外衣和运动装吗?"

买方:"要,但现在我们还有些存货……"

这里使用了三个中性封闭式提问,但是用下面这一个中性开放式提问便可以获得同样的信息，而且更简洁、高效。

销售人员："容先生，您好，我是美诗针织品有限公司的罗利华，您需要购买哪类针织服装呢？"

提问式销售的五种技巧

善于提问也是一种技巧，推销中有以下几种提问方法。

1. 限定型提问

在一个问题中提示两个可供选择的答案，两个答案都是肯定的。

人们有一种共同的心理——认为说"不"比说"是"更容易和更安全。所以，内行的推销人员向顾客提问时，尽量设法不让顾客说出"不"字来。比如，与顾客约定见面时间时，有经验的推销人员从来不会问顾客："我可以在今天下午来见您吗？"因为这种只能在"是"和"不"中选择答案的问题，顾客多半只会说："不行，我今天下午的日程实在太紧了，等我有空的时候再打电话约定时间吧。"有经验的推销人员会对顾客说："您看我是今天下午2点钟来见您，还是3点钟来？""3点钟来比较好。"当他说这句话时，你们的约定已经达成了。

2. 单刀直入法提问

这种方法要求推销人员直接针对顾客的主要购买动机，开门见山地向其推销，请看下面的场面：门铃响了，当主人把门打开时，一个衣冠楚楚的人站在大门的台阶上，这个人说道："请问您家里有高级的食品搅拌器吗？"男人怔住了。这突然的一问使主人不知怎样回答才好。他转过脸来看他的夫人，夫人有点窘迫但又好奇地答道："我们家有一个食品搅拌器，不过不是特别高级的。"推销人员回答说："我这里有一个高级的。"说着，他从提包里掏出一个高级食品搅拌器。接着，不言而喻，这对夫妇接受了他的推销。假如这个推销人员改一下说话方式，一开口就说："我是××公司推销人员，我来是想问一下你们是否愿意购买一个新型食品搅拌器。"你想一想，这种说话的推销效果会如何呢？

3. 连续肯定法提问

这个方法是指推销人员所提问题便于顾客用赞同的口吻来回答，也就是说，推销人员让顾客对其推销说明中所提出的一系列问题，连续地回答"是"，然后，等到要求签订单时，已造成有利的情况，好让顾客再作一次肯定答复。如，推销人员要寻求客源，事先未打招呼就打电话给新顾客，可说："很乐意和您谈一次，提高贵公司的营业额对您一定很重要，是不是？"（很少有人会说"无所谓"）"好，我想向您介绍我们的××产品。这将有助于您达到您的目标，日子会过得更潇洒。您很想达到自己的目标，对不对？"……这样让顾客一"是"到底。

运用连续肯定法，要求推销人员要有准确的判断能力和敏捷的思维能力。每个问题的提出都要经过仔细思考，特别要注意双方对话的结构，使顾客沿着推销人员的意图作出肯定的回答。

4. 诱发好奇心法提问

诱发好奇心的方法是在见面之初直接向潜在的买主说明情况或提出问题，故意讲一些能够激发他们好奇心的话，将他们的思想引到你可能为他提供的好处上。如，一个推销人员对一个多次拒绝见他的顾客递上一张纸条，上面写着："请您给我10分钟好吗？我想为一个生意上的问题征求您的意见。"纸条诱发了采购经理的好奇心——他要向我请教什么问题呢？同时也满足了他的虚荣心——他要我请教。这样，结果很明显，推销人员应邀进入办公室。

5. 刺猬反应式提问

在各种促进买卖成交的提问中，"刺猬"反应技巧是很有效的。所谓"刺猬"反应，其特点就是你用一个问题来回答顾客提出的问题，用自己的问题来控制你和顾客的洽谈，把谈话引向销售程序的下一步。让我们看一看"刺猬"反应式的提问法。

顾客："这项保险有没有现金价值？"

推销人员："您很看重保险单是否具有现金价值的问题吗？"

顾客："绝对不是。我只是不想为现金价值支付任何额外的金额。"

对于这个顾客，你若一味向他推销现金价值，你就会把自己推到河里去，一沉到底。这个人不想为现金价值付钱，因为他不想把现金价值当成一桩利益。这时，你应该向他解释现金价值这个名词的含义，提高他在这方面的认识。

一般来说，提问要比讲述好。但要提出有分量的问题并不容易。简而言之，提问要掌握两个要点：

第一，提出探索式的问题，发现顾客的购买意图以及怎样让他们从购买的产品中得到他们需要的利益，从而就能针对顾客的需要为他们提供恰当的服务，使买卖成交。

第二，提出引导式的问题，让顾客对你打算为他们提供的产品和服务产生信任。还是那句话，由你告诉他们，他们会怀疑；让他们自己说出来，就是真理。

在你提问之前还要注意一件事：你问的必须是他们能答得上来的问题。

推销人员最后应根据洽谈过程中所记下的重点，对客户所谈到的内容进行简单总结，确保清楚、完整，并得到客户一致同意。

例如，"王经理，今天我跟您约定的时间已经到了，今天很高兴从您这里听到了这么多宝贵的信息，真的很感谢您。您今天所谈到的内容一是关于……二是关于……三是关于……是这些，对吗？"

引导对方说"是"

世界著名销售人员原一平在推销寿险时，总爱向客户问一些主观答"是"的问题。他发现这种方法很管用，当他问过五六个问题，并且客户都答了"是"，再继续问保险上的知识，客户仍然会点头，这个惯性一直保持到投保。

原一平搞不清里面的原因，当他读过心理学上的"惯性"后，终于明白了，原来是惯性化的心理使然。他急忙请了一个内行的心理学专家为自己设计了一连串的问题，而且每一个问题都让自己的准客户回答"是"。利用这种方法，原一平缔结了很多大额保单。这种方法后来被称为"6＋1缔结法则"。

"6＋1缔结法则"源自于推销过程中一个常见的现象：假设在你推销产品前，先问客户6个问题，而得到6个肯定的答案，那么接下来，你的整个销售过程都会变得比较顺畅。当他和你谈产品时，还不断且连续地点头或说"是"的时候，你的成交机遇就来了。此时，他已形成一种惯性。每当我们提一个问题而客户回答"是"的时候，就增强了客户的认可度，而每当我们得到一个"不是"或者任何否定答案时，也就降低了客户对我们的认可度。

这就如同你面前的客户是一团熊熊烈火，千万不要让其熄灭。你要不停地加上一些汽油，使得这团火更加旺盛，一直保持到成交的那一刻。最终，你肯定会说服他购买产品的。

在推销中，平庸的销售人员经常被一些突如其来的问题弄得目瞪口呆，败下阵来。其实，只要你牢记你的目的，预先堵住可能造成麻烦的漏洞，创造一种安全的推销气氛，主导整个沟通过程，大部分问题是完全可以消弭于无形之中的。

让我们来看看销售人员最怕、最头疼的三句话。

销售人员辛辛苦苦地谈完了，好不容易说服了对方，冷不丁听到对方说："不错不错，我要跟××商量商量？"

销售人员不断地转换角度促成，对方仍淡淡地说："我还要考虑考虑。"

历尽艰辛成交了，墨迹还没有干，客户突然说："我不要了，给我退货吧，我要解约。"

优秀的销售人员却可以让这些话通通消失，秘诀就是尽量避免谈论让对方说"不"的问题。而在谈话之初，就要让他说出"是"。

优秀的销售人员在交易一开始时，利用这个方法给客户一些暗示，客户的态度就会变得积极起来。等到进入交易过程中，客户虽对优秀的销售人员的暗示仍有印象，但已不认真留意了。当优秀的销售人员稍后再试探客户的购买意愿时，他可能会再度想起那个暗示，而且还会认为这是自己思考得来的呢。

客户经过商谈过程中长时间的讨价还价，办理成交又要经过一些琐碎的手续，所有这些都会使得客户在不知不觉中将优秀的销售人员预留给他的暗示，当作自己所独创的想法，而忽略了它是来自他人的巧妙暗示。因此，客户的情绪受到鼓励，定会更热情地进行商谈，直到与销售人员成交。

"我还要考虑考虑？"这个借口也是可以避免的。一开始商谈，就立即提醒对方应当机立断就行了。具体方法很多，在这里，请看一看循序渐进的例子。

"你有目前的成就，我想，也是经历过不少大风大浪吧？要是在某一个关头稍微一疏忽，就可能没有今天的你了，是不是？"不论是谁，只要他或她有一丁点成绩，都不会否定上面的话。

等对方同意甚至大发感慨后，优秀的销售人员就接着说："我听很多成功人士说，有时候，事态逼得你根本没有时间仔细推敲，只能凭经验、直觉而一锤定音。当然，一开始也会犯些错误，但慢慢地，判断时间越来越短，决策也越来越准确，这就显示出深厚的功力了。犹豫不决是最要不得的，很可能坏大事呢。是吧？"

即使对方并不是一个果断的人，他或她也会希望自己是那样的人，所以对上述说法点头者多，摇头者少。有些直率的人还会举一些犹犹豫豫、优柔寡断坏了大事的例子。因此下面的话，就顺理成章了。

"好，我也最痛恨那种优柔寡断，成不了大器的人。能够和你这样有决断力的人谈话，真是一件愉快的事情。"这样，你怎么还会听到"我还要考虑考虑"之类的话呢？

任何一种借口、理由，都有办法事先堵住，只要你好好动脑筋，勇敢地说出来。也许，一开始，你运用得不纯熟，会碰上一些小小的挫折。不过不要紧，总结经验教训后，完全可以充满信心地事先消除种种借口，直奔成交，并巩固签约成果。

把握沟通的五大语言技巧

"买卖不成话不到，话语一到卖三俏"，由此可见销售语言的重要性。销售人员是靠嘴吃饭的，好的口才能够充分展示一个销售人员的个人魅力，同时也给自己的客户带来愉悦的享受。所以，一名出色的销售人员一定有出色的口才。只有有了出色的口才，才能够让客户感受到你的魅力，才乐意购买你的产品。向客户展示你的语言魅力，要注意以下几点。

1. 用客户听得懂的语言来介绍

通俗易懂的语言最容易被大众所接受。所以，在语言使用上要多用通俗化的语句，要让自己的客户听得懂。销售人员对产品和交易条件的介绍必须简单明了，表达方式必须直截了当。表达不清楚，语言不明白，就可能会产生沟通障碍，就会影响成交。此外，销售人员还应该适应并使用每个客户所特有的交谈方式。

一位客户的公司刚搬迁，需要安装一个能够体现公司特色的邮箱，于是咨询了一家公司。接电话的小伙子听了他们的要求，便坚持认定他们要的是 CSI 邮箱。

这个 CSI 搞得客户一头雾水。客户问这个销售人员，CSI 是金属的还是塑料的？是圆形的还是方形的？

这个销售人员对于客户的疑问感到很不解。他对客户说："如果你们想用金属的，那就用 FDX 吧，每一个 FDX 可以配上两个 NCO。"

CSI、FDX、NCO 这几个缩写搞得客户一头雾水，客户只好无奈地对他说："再见，有机会再联系吧。"客户要买的是办公用具，而不是字母。

一个销售人员首先要做的就是要用客户理解的语言来介绍自己的商品。

2. 用讲故事的方式来介绍

讲故事可以引发共鸣，可以激发兴趣，显得平易近人，更能深入人心。用讲故事的方法来介绍自己的产品，就能够收到很好的效果。

一位客户来到海尔冰箱的柜台前，对海尔的销售人员说："你们的质量有保障吗？"这时销售员倒没有就质量本身说那么多，只是讲起海尔的总裁张瑞敏上任时砸冰箱的故事，一个故事立刻令人对海尔冰箱的质量刮目相看。

像乔·吉拉德、甘道夫、原一平、柴田和子都是说故事的大师。原一平每次在推广保险的时候，都会讲一个因没有买保险发生意外或死亡的悲痛故事。他的真情感动得客户流下泪水，这时他便说道："我真的不希望这样的故事发生在我遇到的任何一个人身上，我有责任去帮助他们，我出售的不是保单，我出售的是爱和保障。"就因为原一平讲故事的真诚，一次又一次地打动了客户，从而帮助他成交了一个又一个的保单，让他成了受人尊敬的推销大师，被誉为"推销之神"。

所以各位朋友，不管你今天卖什么产品，你一定要收集那些能令新客户产生共鸣、激发需要的故事。任何商品都有自己有趣的话题：它的发明、生产过程、产品带给客户的好处等等。销售人员可以挑选生动、有趣的部分，把它们串成动人的故事，以此作为销售的有效方法。所以销售大师保罗·梅耶说："用这种方法，你就能迎合客户、吸引客户的注意，使客户产生信心和兴趣，进而毫无困难地达到销售的目的。"

3. 要用形象的描绘来打动客户

在做培训的时候，我总要给学员讲这样一句话："说话一定要打动客户的心，而不是客户的脑袋。"

而打动客户的心的最有效的办法就是要形象地描绘所售产品。有一次王太太去逛商场，售货员只对王太太说了一句话，使本来没有购买欲望的她毫不犹豫地掏出了钱包。她对王太太说的什么话竟有如此魔力呢？很简单，那句话是"穿上这件衣服可以成全你的美丽"。

"成全你的美丽"，一句话就使王太太动心了。这位女店主真的很会说话，很会做生意。在客户心中，不是客户在照顾她的生意，而是她在成全客户的美丽。虽然这话也是赞誉之词，但听起来效果就完全不一样。

4. 用幽默的语言来接近

每一个人都喜欢和幽默风趣的人打交道，而不愿和一个死气沉沉的人待在一起，所以一个幽默的销售人员更容易得到大家的认可。

两个销售保险的销售人员，分属 A、B 两个不同的公司。有一次，客户对保险公司的办事效率产生怀疑。这时 A 公司的销售员说他的保险公司十有八九是在意外发生的当天，就把支票送到投保人的手中。而 B 公司的销售员却对我说："那算什么，我的一位客户不小心从楼上摔下来，还没有落地的时候，我已经把赔付的支票交到了他的手上。"

最后，客户选择哪一家保险公司还用得着问么？

再让我们看看原一平进行直接访问的实例。

"您好，我是明治保险的原一平。"

"喔——"对方端详他的名片有一阵子后，慢条斯理地抬头说，"两三天前曾来过一个某某保险公司的销售员，他话还没讲完，就被我赶走了。我是不会投保的，所以你多说无益，我看你还是快走吧，以免浪费你的时间。"

此人既干脆又够意思，他考虑真周到，还要替原一平节省时间。

"真谢谢您的关心，您听完我的介绍之后，如果不满意的话，我当场切腹。无论如何，请您拨点时间给我吧。"原一平一脸正经，甚至还装得有点生气地说。

对方听了忍不住哈哈大笑说："哈哈哈，你真的要切腹吗？"

"不错，就像这样一刀刺下去……"原一平一边回答，一边用手比画。

"你等着瞧吧，我非要你切腹不可。"

"来啊，既然怕切腹，我非要用心介绍不可啦！"话说到此，原一平脸上的表情忽然从"正经"变为"鬼脸"，于是准客户和他不由自主地一起大笑了。

上面这个实例的重点，就在设法逗准客户笑。只要你能创造出与准客户一起笑的场面，就突破了第一道难关，并拉近了彼此的距离。下面让我们再看一个实例。

"您好，我是明治保险的原一平。"

"噢！明治保险公司，你们公司的销售员昨天才来过。我最讨厌保险了，所以他昨天被我拒绝啦！"

"是吗？不过，我总比昨天那位同事英俊潇洒吧。"跟对方开了一个小玩笑，一脸正经地说（开这种玩笑时，声调与态度要特别留意，一不小心会引起对方的误会，以为你瞧不起他）。

"什么？昨天那个仁兄啊，长得高高的，哈哈哈，比你好看多了。"

"矮个儿没坏人，再说辣椒是越小越辣哟，俗话不也说'人越矮，俏姑娘越爱'吗？这句话可不是我发明的啊？"

"哈哈。你这个人真有意思。"

不论如何，总要设法把准客户逗笑，然后自己跟着笑。当两个人同时开怀大笑时，陌生感消失了，彼此的心在某一点上沟通了。

幽默可以说是销售成功的金钥匙，它具有很强的感染力和吸引力，能迅速打开客户的心灵之门，让客户在会心一笑后对你、对商品或服务产生好感，从而诱发购买动机，促成交易的迅速达成。所以，一个具有语言魅力的人对于客户的吸引力简直是不能想象的。

5. 清晰地表达自己的观点

在与客户进行初次约见时，由于心情紧张等原因，可能销售人员会因为急于表达自己的销售意图而忽视自己的表达方式。很多销售人员身上都有过这样的体验：越是慌慌张张地表达自己的意图，语言组织就越是错误百出，结果与客户沟通起来就越吃力。销售员在了解和掌握足够的产品信息的同时，也十分有必要培养和锻炼自身的语言组织和表达能力，尽可能地用最清晰、简明的语言使客户获得其想要知道的相关信息。

出色的销售人员，是一个懂得如何把语言的艺术融入商品销售中的人。

可以这样说，销售人员要培养自己的语言魅力，有了语言魅力，就有了成功的可能。

神奇的沟通用词转换法

做销售的，一定要注意自己的沟通技巧，为什么这样说呢？因为语言是多变的。你要想表达一个意思，可以使用不同的语言去表达。而不同的语言表达方式也会带来截然不同的效果。例如，在你想要向别人借一件东西的时候，你最少有下面几种不同的表达方式。

"把××借给我用用，好吗？"

"你不是有××吗？给我用用，用完了我马上还给你，好吗？"

"您好，将××借给我用一下可以吗？"

"我们相互支持没问题吧？你看我能为你做什么呢？我可以借用一下你的××吗？"

"我需要你的帮助，假如你能帮得到，凭我们的关系，你不会拒绝我，对吗？"

你可以有无数种的表达方式。但是，无论怎样，你要想让对方把你所想要的东西借给你，你就要尽量地保持应有的礼貌，使自己说出来的话，让对方能够接受，听起来舒服。如果不这样的话，恐怕对方就是有，也会对你说没有的。

不同的表达方式会带来不同的结果。对于从事行销行业的人员来说，一定要牢牢记住这一点。也就是说行销人员在与客户交流和沟通的时候，一定要注意自己的语言表达，尽量使用让客户听起来舒服的词汇及表达方式，从而促成交易。

因此，作为一名优秀的销售员，就要理解如何才能做到像水一样进入任何容器，而在这里我可以和大家分享以下几种方法。

1. 催眠式的语言

使用催眠式语言让对方在不知不觉当中接收你传递给他的信息，让他感受很清楚，愿意听你的语言、愿意跟你进行合作，或者与你沟通，或者接纳你所表达的观点。

2. "约见"换成"拜访"

比如你对客户说"约你见个面"，这种方式别人听起来不是太有感觉，你可以将其换成"拜访"。

在销售的实际工作之中，为了能够促成交易，销售人员经常会主动地约见客户。而这种约见，大部分是由销售人员在电话中向客户提出来的。我们常常能够听到销售人员在给客户打电话的时候这样说："某某先生，您好，我是某某，不知道您这两天是不是有空？如果有空的话，我想我们约一个时间见见面，详细地谈谈上次所说的一些事情。"

如果你是那个客户，在接到这个电话的时候，会有什么样的感受？或许，从事销售行业的你觉得并没有什么，认为这很正常，因为一直以来，你都是这样和客户约定见面时间的。在这里，我并不去说采取这样的语言有什么不好，我只是想问问你，你在采取这种语言约见客户的时候，对方的语气怎样，效果是否达到了预期的目的呢？

你肯定会说，还行，只不过偶尔对方会拒绝的。那么，你怎么不想办法使得拒绝尽量减少呢？而减少这种拒绝的最有效的方式，便是将"约见"换成另外一个词"拜访"。像上面的那句话，你可以这样去说："某某先生，您好。我是某某，不知道您近期哪天比较方便，在您方便的时候我想专程拜访您。"

怎么样？如果你这样去说，对方感觉肯定与前面听到的不一样，对方可能会很高兴地与你确定时间。

为什么会这样呢？还是在于你词汇的使用。"约见"与"拜访"虽然所表达的意思差不多，但是，你能明显感觉到，"拜访"不仅表示出了你对对方的尊重，还显示出了你的礼貌。

每一个人都喜欢自己被他人所尊重,成为一个重要人物的感觉,请你充分感受这一点。

3. 将"商讨"换成"征询"

在与客户见面时,客户对于某些具体的问题有异议,千万记住要使用"征询"这一字眼,而并非"商讨"。

"商讨"是将双方放在同等的位置,对于一件事情发表各自的看法和观点,从而去寻求一种使得双方之间的异议尽量减少的过程。"征询"则是将自己主动地放在下风的位置,让对方感到受到充分尊重的同时,自己可以按预先设计好的方向引导。

4. 将"店铺"换成"展示厅"

如果你去购买一件商品,例如衣服,价钱都一样,只不过一家是装潢较为考究的专卖店,一家是很小的服装店,你会选择哪一家?

你肯定会走进专卖店。大部分人在购买和消费的时候,越来越注重到生产或者销售这种产品的厂家和销售商的实力。就像是某一则广告里面所说的,"中国人都相信专家"。在这儿换成另外一句话来说,便是"中国人都相信具有实力的商家"。

实力,能够给人一种安全感,会让人产生一种信赖。对于销售人员来说,一定要掌握客户的这一心理。也就是说,在客户要求前往你的公司去看看的时候,你一定要向对方介绍,说是去"展示厅"而不是去"店铺"。你这样介绍,不但让对方感受到你所在公司的实力,也让对方感觉到你讲话的品位也不一般。

5. 称"客户"为"合作伙伴"

在你向其他人介绍客户的时候,千万不要说"这是我的客户",而应该说"这是我的合作伙伴"。

你在称你的客户为客户的时候,对方的心里会感到有些不舒服,因为这句话表示了你与对方是利益上的关系。另外,在人们的思维意识之中,在听到"客户"的时候,总会或多或少有一点反感,有一种自己好像被"掏"的感觉。你在向他人介绍你的客户的时候，用"合作伙伴"代替"客户"，便会消除客户心中的这种不自在的想法。因为，"合作伙伴"表示的是双方为了共同的一个目的而走在一起，并且为之努力。

6. "买到"换成"拥有"

"你买到这个产品获得什么利益"，把"买到"换成"拥有"，就是当你"拥有"这个产品的时候，你感觉到它对你将有莫大的帮助，这样讲就比较有催眠力和销售力。"买到"会让客户想到是花了多少钱。"拥有"会令对方想到的不是钱，而是得到那份快乐和感觉。

7. "便宜"换成"经济"

当说到经济的时候会想到实用，而便宜只会让人想到那句"便宜没好货"的俗语。

8. 把"广告"换成"消息"

把广告改掉，一说到广告，会引发信赖感的下降。所以，当说到广告的时候，应把它改成消息，"你是从哪里了解到我们的消息，是从报纸上还是从其他什么地方？"比如说，曾经有一段时间，我听我的同事打电话，他们都会这样说道，"你是从哪里看到的广告？"这给客户的信赖感就会下滑，所以说广告要转换成消息。

9. 把"意见"换成"比较关心"或者"关注"

"你对这件事有意见，是吗？"我告诉各位，你在扩大反对意见，最顶尖的销售人员会把意见转换成比较关心或者关注。他们会说："你对这个比较关注，是吗？"

10. 把"提成"换成"服务费"

别人问你拿多少提成，你说 2 万元，别人觉得你一个月拿 2 万元，这肯定是暴利，觉得你在他身上赚了大钱。如果你说得太少，客户会觉得你的销售能力及服务客户的能力太差，而不太愿意与你合作。所以，最聪明的推销人员会说服务费有多少。提到服务费的时候，客户会想到是因为你服务客户量比较大，服务客户比较好，拿的钱多是理所当然的。

11. 把"成交"换成"谢谢支持"或"合作愉快"

我们还要把成交改掉,不要说"我们终于成交了",对方心里会想,你终于把我的钱收到手了。我们平时应该说:"周总,谢谢合作、谢谢支持。"或者说:"周总,我们一定会合作愉快。"实际上就是签单了、成交了,但是这样听起来比较舒服。

12. 把"问题"换成"挑战"

我们把问题改一下,"你是钱的问题是吗?"本来就有些问题,你要重复一遍,这个问题也就更大了。催眠式的销售会说:"这个钱对于你来说不是问题,是一个挑战。你肯定没有问题,一定可以做到。"所以,要把问题说成挑战。

13. 把"员工"和"下级"换成"同仁"

当上级说下属的时候,"这个是我的员工,这个是我的下级",这样说很不好,要把员工和下级转换成同仁,这样的话员工和下属听了比较舒服,感觉也会比较好。

14. 把"等"换成"恭候"

"明天10点钟我准时在某个酒店等你。""明天10点钟我准时在某个酒店恭候你。"你觉得哪一句话更得体?

15. 把"购买"换成"选择"

不要说你买这个空调,买这个手表,买这个彩电,是吗?你准备买这个椅子,是吗?你准备买这个服装,是吗?只要一说购买,都会重复地让客户联想到钱的问题,而客户要掏钱的时候是痛苦的。我们要把"购买"换成"选择",因为他想要的才会选择。一说到选择,他就会想到选择的理由、选择的好处,无论选择哪个都是他所想要的。

16. 把"回音"或"回电"换成"遵照要求"

"王总你好,遵照你昨天让我10点给您回电话的要求,我9点50分就在等着,以非常激动的心情拨通您的电话",就是说你是遵照了他的要求给他回电话,从而堵住了他的后门,让他没有机会说"现在忙,没有时间"。

这样业务就好谈了。这个方法一般是让对方难以抗拒的。你要有这种让客户兴奋起来的感觉。他在兴奋的时候，也就处在最佳的沟通状态。

17. 把"直拨"换成"专线"

把一般大客户的办公室的直拨换成专线，当你拨通他的电话后，你说："您好，请问这是王总的专线吗？"因为他一听专线就会想到省长专线、市长专线之类，他会有一种自己是一个大人物的感觉，听着会觉得非常舒服。

18. 把"希望"换成"一定"

"我相信你一定会选择品质比较高的产品，你会选择对你最有价值和最适合你的产品。"当你不断地说一定的时候，就是在刺激对方和鼓励对方作出决定选购你所推荐的产品。

19. 依次使用"假如""如果""当"

"假如有一个方法可以帮助你们利润增长一倍，你们有兴趣了解吗？""如果这个方法有很多公司使用而且很有效果，你有兴趣吗？""当这个方式在你面前的时候你会作出选择吗？"先提出一个假如，再来一个如果，然后来一个当，这能达到层层推进的效果。

20. 把"但是"换成"同时"

千万不要跟客户说"但是"，"但是"是比较令客户讨厌的。比如，你对他说："你们某某方面做得非常好，某某方面也做得非常棒，但是……"当他一听你说"但是"的时候，他觉得你前面说的都是废话，一个"但是"把前面的一切都否定了，没有销售力，也会令客户反感。当你把"但是"换成"同时"后，就会有不一样的感觉。比如，你说："我非常理解你的想法，同时我可不可以谈一下我的认识？"这样既表现出你尊重对方，又能引起对方的重视。

21. 把"没办法"换成"怎么样能够有办法"

"没办法"是一个比较消极的词汇，是一种消极面对问题的方式，会让客户失望，进而影响购买情绪。而当面临问题时，你换一种思维方式，效果是不一样的。当你对客户说："我们应该讨论一下，凡事都是有方法可以解决的，方法总比困难多，我们最想要的答案不是没办法，而是怎样能有办法，是吗？"你所有的想法、所有的思维、所有的资源都想着如何去解决问题，因此得到的结果也是完全不一样的。

22. 把"费用"换成"投资额"，把"预付费用"或"定金"换成"前期投资额"

"你的产品需要多少的费用" "你买我们这个产品需要十万元"这些不够有推动力，要说"你跟我们合作你只需投资十万元"。这样给人的感觉就会比较好。如果需要对方预付一部分费用或交一定定金的，你可说："你选择这个产品，前期投资额只需多少元。"

23. 把"合同"换成"合作的约定"或者"协议"

我们做一个书面的约定，或者说我们做一个书面的协议。合同多严肃，多难听，令人毛骨悚然。"我们把商量好的事情书面化。"这样感觉会比较好。

24. 把"说明"换成"演示"

"我把产品给你说明一下" "我给你演示一下，我给你做一个示范"前后哪一句话令客户更有感觉。

25. 把"不可能"换成"有些难度" "怎样可能"或"如何可能"

谈及数量时，销售人员不要说"你打算要多少？"，要说"十个够吗？"如果客户说："不，不，太多了，我只要五个。"你的推销就是成功的。但是，不论你做什么，永远不要低估什么。要往多处想，使你的客户也往多处想。这对于你的谈判技巧同样有帮助，因为有些客户也许认为订购一个就是大生意了，并且还期望得到折扣。如果你往多处想，客户不太可能要求太大的折扣。同样，如果客户确实准备做大生意，你往大处想了之后，就可以轻易谈妥。

如果你往大处想，就会逐渐教会你的客户也往大处想。

"这个肯定不可能，这么一个价格肯定不行。"当你在说肯定不行的时候，你在打击客户的热情，在消灭客户的购买欲望。其实，你完全可以说："我们非常理解你，但是我们这样做有些难度。"这样既给客户希望，又可以留下客户，锁定交易。

一句话虽然用不同的语言表示出来的意思一样，然而所达到的效果和给人的感觉完全不同。语言是一门艺术，为了能够使得客户接受自己的产品和提供的服务，敬请在说话的时候，选用合适的词语，让对方感受到你的礼貌，很好地改善双方之间的关系，从而为成交奠定良好的基础。

别让不会说话害了你

"祸从口出"，在推销过程中经常遇到这种情况：无意中说的一句话往往会毁了一笔业务。因此，销售人员在与客户交谈中应注意避免一些不该说的话。

如销售人员不应向客户问："我能帮你的忙吗？"因为这给客户提供了一个说"不"的机会。

销售人员不能说出让客户产生逆反心理的话。如："请问哪一种型号的抽油烟机性能比较好？""您不必如此挑剔，挑来挑去挑花眼，我们这儿的产品都是名牌。"这些话都很容易使客户产生反感。

有人曾将销售人员不该说的话做了具体分类。大体上，销售人员应当避免以下几种话语。

1. 批评性的话语

许多销售人员，尤其是业务新人，讲话不经过大脑，脱口而出伤了别人，自己还不觉得。常见的例子，销售人员见了客户第一句话便说："你这张名片真老土。""真累啊，活着不如死了值钱。"虽然是无心去批评指责，只是想有一个开场白，而在客户听来，感觉就不太舒服了。

人们常说："好话一句，做牛做马都愿意。"也就是说，人人都希望得到对方的肯定，人人都喜欢听好话。推销人员从事推销，每天都是与人打交道，应多说赞美性话语，但也要注意适量，否则，让人有种虚伪造作、缺乏真诚之感。

2. 主观性的议题

在商言商，与推销没有什么关系的话题，最好就不要去议论，比如政治、宗教等涉及主观意识的内容，无论你说的是对是错，对于推销都没有什么实质意义。

有一些新人，涉及推销行业时间不长，经验不足，在与客户的交往过程中，无法主控客户的话题，往往是跟随客户一起去议论一些主观性的议题，最后难免双方意见产生分歧。有经验的销售人员，在处理这类主观性的议题时，起先会随着客户的观点，一起展开一些议论，但争论中他们会适时地将话题引到推销的产品上来。

3. 专业性术语

比如有个保险行业的新人，一上阵就一股脑儿地向客户炫耀自己是保险业的专家，电话中向客户讲了一大堆专业术语，客户听了都感到压力很大。与客户见面后，他又接二连三地大力发挥自己的专业，让客户如坠云雾中，反感心理油然而生，从而误了促成销售的商机。我们仔细分析一下就会发觉，只有把这些术语用简单的话语来进行转换，让人听得明明白白，才能达到有效沟通的目的，产品销售才会没有阻碍。因此，销售人员应尽量避免专业性术语的出现，即使不可避免，也要跟客户解释明白。

4. 夸大不实之词

不要夸大产品的功能。客户在日后使用产品时，终究会清楚你所说的话是真是假。不能因为要达到一时的推销业绩，你就夸大产品的功能和价值，这势必会埋下一颗"定时炸弹"，一旦纠纷产生，后果将不堪设想。

任何一个产品，都有好的一面和不好的一面。作为销售人员理应站在客观的角度，清晰地与客户分析产品的优与劣，帮助客户"货比三家"。唯有知己知彼、熟知市场状况，才能让客户心服口服地接受你的产品。提醒推销人员，任何的欺骗和谎言都是推销的天敌，它会使你的事业无法长久。

5. 贬低对手的语言

我们可以经常看到这样的场面，同业的推销人员用带有攻击性色彩的话语，攻击竞争对手，甚至有的人把对方说得一文不值，致使整个行业的形象在人心目中一落千丈。

多数销售人员在说出这些攻击性话语时，缺乏理性思考，殊不知这些攻击性的话会造成准客户的反感，因为不见得每一个人都与你站在同一个角度，你表现得太过于主观，反而会适得其反。随着时代的发展，这种不讲商业道德的行为将越来越没有生存空间。

6. 隐私问题

与客户打交道，主要是要把握对方的需求，而不是一张口就大谈特谈隐私问题，这也是销售人员常犯的一个错误。试问你推心置腹地把你的婚姻、财务等情况和盘托出，就能使你的推销产生实质性的进展吗？

7. 质疑性的语气

在推销过程中，你很担心准客户听不懂你所说的一切，而不断地质问："你懂吗？""你知道吗？""你明白我的意思吗？"……从销售心理学来讲，一直质疑客户的理解力，客户会产生不满感，这种方式往往让客户感觉得不到起码的尊重，逆反心理也会随之产生，所以说这是推销中的一大忌。

如果你实在担心准客户在你详细的讲解后还不太明白，你可以用试探的口吻了解对方，"有没有需要我再详细说明的地方？"也许这样会容易让人接受。在此，给销售人员一个忠告：客户往往比我们聪明，不要用我们的盲点去随意取代他们的优点。

8. 枯燥的话题

在销售中有些枯燥性的话题，但你不得不讲解给客户听，因此就要讲得简单一些。这样，客户听了才不会产生倦意，你才能达到推销目的。如果有些相当重要的话语，要跟客户讲清楚，不要拼命去硬塞给他们。在讲解的过程中，不如换一种角度，找一些他们爱听的小故事、小笑话来刺激一下，然后再回到正题上来，也许这样的效果会更佳。

9. 注意避讳

每个人都希望与有涵养、有层次的人在一起。同样，在推销过程中，不雅之言对推销活动，必将带来负面影响。比如，推销寿险时，你最好回避"死亡""没命了""完蛋了"这样的话。有经验的销售人员，往往在处理这些不雅之言时，都会委婉地说"丧失生命""出门不再回来"等。只有你注意到了这些细节，才会成功在望。

倾听也是一门艺术

推销是一门艺术，听别人讲话也是一门艺术。

你可能以为别人讲话的时候你是在认真地听。据有关资料显示，人说话的速度为每分钟 120~180 个字，而思维的速度要比说话快四五倍。所以，一个人听别人讲话时注意力容易分散，常常只能听进去一半。

一些销售人员认为，做买卖应当有个"商人嘴"，因此，口若悬河，滔滔不绝，客户几乎没有表达意见的机会。这是错误的。认真倾听客户谈话，是成功的秘诀之一。日本推销之神原一平说："就推销而言，善听比善说更重要。"倾听客户谈话，能够赢得客户好感。销售人员成为客户的忠实听众，客户就会把你引以为知己；反之，销售人员对客户谈话心不在焉，或冒昧打断客户谈话，或一味絮絮叨叨，不给客户发表意见的机会，都会引起客户反感。同时，销售人员可以从客户的言谈中把握客户的心理，知道客户需要什么，关心什么，担心什么。销售人员了解客户心理，就会增加说服的针对性。此外，倾听客户谈话还可以减少或避免失误。话说得太多，总会说出蠢话来。少说多听是避免失误的好方法。认真倾听需要技巧：销售人员要注视对方，眼光和脸部面向客户，表现出全神贯注的神情。销售人员不可左顾右盼，或死死盯住对方。无论对方谈话内容如何，都不能拉长脸，或露出鄙夷的神态。销售人员身体要向客户方向微微前倾，适当地运用一些表示恳切的微小动作，如点头、微笑、轻声附和，避免呆若木鸡的神情。销售人员要让客户把话说完，能听到最后的才是会听的，不要匆忙打断对方的谈话。

关于改善聆听的能力，有以下几点建议。

（1）保持耳朵的畅通——请你闭上嘴巴。在与人交谈时，尽量使对方谈他所感兴趣的事，并用鼓励性的话语或手势让对方说下去，并不时地在不紧要处说一两句赞叹的话，对方会认为你在尊重他。

（2）全心全意地聆听——轻敲手指或频频用脚打拍子，这些动作会伤害对方的自尊心。眼睛要看着对方的脸，但不要长时间盯住对方的眼睛，因为这样会使对方产生厌恶、害怕的情绪。只要你全神贯注，轻轻松松地坐着，不用对方将音量放大，你也可以一字不差地听进耳朵里。

（3）帮助对方把话说下去——这一点很重要，因为别人说了一大通以后，如果看不出你的态度，尽管你在认真地听，对方也会认为你心不在焉。

作为一名成功的销售人员要善于倾听，懂得"两只耳朵一张嘴"规则，所以用于听和说的比例是2∶1。推销靠"喋喋不休""高谈阔论"是没用的，而是要拿出更多的精力来听。销售人员要善于听取客户的要求、需要和渴望，从谈话中听取和收集有助于成交的相关信息。同时，销售人员要听客户可能提出的异议，甚至下意识地倾听其他人的声音，如附近一个陌生客户的声音，或者一个大嗓门的销售人员与客户没完没了的交谈。优秀销售人员还特别善于听客户"没说出口的声音"。

有一个大企业家，他在招收雇员时，使用下述办法来判别他们听的能力。

进行面试的时候，考官面对大家说，在接下来的5分钟内，他要给他们讲讲公司的历史，并介绍公司的产品。他让大家注意听，然后就开始讲了起来。

两三分钟后，出现了一个情况。一个人走进房间，他走到前面，在一张空桌旁停下，这张桌子摆在角落里，正对着考官。这个陌生人不看考官一眼，也不说一句话，就开始往桌子上放盘子。

这名考官完全不理会陌生人，甚至不看他一眼，无视他的存在，继续讲，好像什么也没发生一样。这时，陌生人取出一罐刮胡膏，使劲摇晃，然后往盘子上抹。

听众感到有些不自在，甚至感到好笑。当所有的盘子都抹完后，陌生人离开了房间，还是不说一句话。考官又继续讲了半分钟左右，然后他让大家就他刚才讲过的话，回答几个简单的问题。

只有少数几个人回答出了考官提出的简单问题，这证明他们的注意力没有被陌生人吸引，而是一直在认真听讲。因此，这些人最终被录用了。

记住，没有人愿意被忽视。或者换一种说法，人人都希望自己的谈话受人重视。

销售人员应该如何做才能当一名好的听众呢？

（1）带着真正的兴趣听客户在说什么，把它当成一种享受，把注意力集中在客户身上。

（2）永远也不要假设你知道客户要说什么，因为这样会分散你的注意力，你就不会认真地去听。

（3）不要漫不经心地听。你要边听边思考，理解客户说的话，真正做到听进去。这是你能让客户满意的唯一方式。

（4）把脑子里最重要的位置留给客户。

（5）倾听是一件容易做到的事，特别在你心中有话要说，或者受到外界干扰时，要学会克制自己，排除干扰。

（6）听的时候看着客户的眼睛，观察他的面部表情，注意他的声调变化。优秀的销售人员应当学会用眼睛来听。

（7）可能的话用笔记下客户说的关键词语，它会帮你更认真地倾听，并且记住对方说的话。

（8）不要相信客户说的每一句话，对有些话要打个问号。

（9）不要轻易插嘴打断客户的话头，或让他缩短谈论。

（10）客户喜欢谈话，特别是喜欢谈他们自己，谈他们感兴趣的问题。他们谈得越多，越感到痛快，就越会倾向于购买你所推销的产品。人们都喜欢好听众，所以，要耐心地听。

但是，现实中有的销售人员很想用心倾听客户的谈话，但却做不到，是什么原因使他们不能很好地倾听客户呢？

要想成为一名善于倾听的优秀销售人员还必须防止以下情况的发生。

（1）喜欢抢着说话，常常将客户的话打断，以致客户无法说下去。

（2）听到不同意的观点或是客户说错了便急于反驳对方。

（3）认为无关紧要或没兴趣的话，便不注意去听，以致注意力无法集中。

（4）急于记住每件事情，结果重要的事情反而没有注意到。

（5）在客户未全部说出自己的想法时，就轻易地作出结论，仿佛客户要说的自己早就知道了。

（6）当买方有多人在场时，你常忽略你认为不重要的人所说的话。

（7）由于时间紧迫，还要赶下一个约会，心中烦躁不安，因而也就无法细听客户唠叨。

赞美要有分寸

推销的技巧中虽然会用到一些吹嘘和称赞的语言，但若是运用不当，就会出现相反的效果。也就是说，在赞美对方时，首先要考虑到一个事实，那就是客户可以接受哪些称赞的话，倘若适得其反，不如不用。身为销售人员，反应能力一定要快，当客户出现反感时要立即打住，避免墨守成规而形成僵化的推销局面。否则经常如此，推销能力不但不会提高，而且还会给人一种虚伪的形象。

销售人员应该是以更实际的做法来取得客户的认同，并且随时顺应社会的变迁，掌握最新的资料，调整新的推销策略。这样，才能跟得上时代。

赞美客户要讲究一定的技巧。如果不审时度势，不掌握良好的赞美技巧，即使销售人员出于真诚，也会将好事变成坏事。在赞美客户时，以下技巧是可以运用的。

（1）因人而异。客户的素质有高低之分，年龄有长幼之别，因此要因人而异，突出个性，有所指的赞美比泛泛而谈的赞美更能收到较好的效果。年长的客户总希望人们能够回忆起其当年雄风，与其交谈时，销售人员可以将其自豪的过去作为话题，以此来博得客户的好感。对于年轻的客户不妨适当地、夸张地赞扬他的开创精神和拼搏精神，并拿伟人的青年时代和他比较，证明其确实能够平步青云。对于商人，可以赞扬其生意兴隆，财源滚滚。对于知识分子可以赞扬其淡泊名利，知识渊博，等等。当然所有的赞扬都应该以事实为依据，千万不要虚夸。

（2）详细具体。在和客户的交往中，发现客户有显著成绩的时候并不多见，因此销售人员要善于发现客户哪怕是最微小的长处，并不失时机地予以赞美，让客户感觉到销售人员真挚、亲切和可信，距离自然会越拉越近。

（3）情真意切。说话的根本在于真诚。虽然每一个人都喜欢听赞美的话，但是如果销售人员的赞美并不是基于事实或者发自内心，就很难让客户相信销售人员，客户甚至会认为销售人员在讽刺他。

（4）合乎时宜。赞美客户要见机行事。开局赞美能拉近销售人员和客户之间的距离，到交易达成后再赞美客户就有些为过。如果客户刚刚受到挫折，销售人员的赞美往往能够起到激励的作用。但是如果客户取得了一些成就，已经被赞美声包围并对赞美产生抵制情绪时，再加以赞美就容易被人认为有溜须拍马的嫌疑。

（5）雪中送炭。在我们的生活中，受挫折的环境实在是太多。人们往往把赞美给予那些功成名就的胜利者。然而这种胜利者毕竟是极少数，很多人在平时处处受到打击，很难听到一句赞扬的话。

销售人员适时地对客户进行赞美，往往能够让客户把销售人员当作知心朋友来对待。在这种环境中，最容易达成交易。当然对于销售人员来说，不要心里存在任何愧疚，认为是通过和客户拉关系来推销产品，只要销售人员的赞美是出于真心诚意，这种方法就是可行的。

赞"美",让女人自愿掏腰包

花儿不能没有水,女人不能没有赞美。

看到这句话你也许不信,也许吓一大跳,也许你会会心一笑,也许你会哈哈大笑。有这么严重吗?花儿不能没有水,女人不能没有赞美?

请看下面一则小故事,你或许可以找到答案。

一位老太太应邀去参加一个别开生面的舞会,老太太为了应付舞会,穿衣打扮费了不少心思。舞会上,老太太曾经的两位情人也来了。第一位情人见到老太太时情不自禁地说:"哟,你和年轻时完全不一样了,真的变成一个老太婆了……"第二位却对她说:"你简直太美了。人们都说岁月残酷,可它丝毫未能摧毁你的美丽。要是你不介意的话,我多么希望我能和你跳一支舞。"接下来,舞会开始了。老太太在第二位情人的邀请下走上舞场,舞曲一支接一支地放,两人一支接一支地跳,直到舞会终场,她礼貌地向两位情人道别,便转身走了。

三天以后传来了这位老太太的死讯,两位情人及时赶到,并分别得到一封信和一个包裹。在给第一个情人的信里,老太太说:"你是一个诚实的人,你说了真话,现在我把我一生的日记全部留给你,从中你可以看到一个女人真实的内心世界。"在给第二个情人的信里,老太太说:"感谢你一席美丽的谎言,它让我度过了一个美好的夜晚,并足以把我一生的梦幻带到另一个世界,为此我将留给你我全部的财产。"

看到这里,你是愿意得到一本尘封的日记,还是愿意继承富婆全部的财产呢?

女人热衷一条裙子、一个发型、一场舞会,她的根本目的是为了自身的美。美给别人看才有意义,人们把女人身上的美说了出来,就是赞美。故事里的女人便是渴望赞美的典型,特别是异性的赞美。为什么说恋爱中的女人最美，那是因为有一个人长期对她投射深情关注的目光、吐露甜蜜赞美的情话，促使女性荷尔蒙分泌，自然由内而外地散发美丽。

赞美不仅对女人有美容作用，还是女性购物血拼的兴奋剂。

赞美是销售过程中关注的核心，也许和富婆的遗产没有关系。

各位，这里再送给你一句话，行为心理学研究的结果：女人接受赞美时越是不自然，她就越渴望赞美。

我们来看一下日本著名的销售人员原一平是怎样赞美别人的。

原一平有一次去拜访一家商店的女老板。

"先生，您好。"

"你是谁呀？"

"我是保险公司的原一平。今天我刚到这里，想请教您这位远近出名的老板。"

"什么？远近出名的老板？"

"是啊，根据我听到的情况，大家都说这个问题最好请教您。"

"哦，大家都在说我啊。真不敢当，到底什么问题呢？"

"实不相瞒，是……"

"站着谈不方便，请进来吧。"

陌生的客人走进我们的店面，赞美是最好的欢迎之辞。赞美能立刻打破和客人的距离感，同时更快获得客人的好感，接下来的推荐产品就是顺水推舟。

赞美会让女人快乐，快乐的女人自然越活越年轻，自然有美容的效果，这是我们关爱女性的依据。这里我们更关心的却是赞美是"女性购物血拼的兴奋剂"。

嘴上如同抹了"蜂蜜"的导购员，她们绝对能把"上帝"赞美到头脑发昏心甘情愿掏出钞票买下各式漂亮的衣服、饰品。即便我们的"上帝"发誓以后不会再轻易相信她们的赞美，但往往还是会有下一次，因为她爱美的心思没有变。

作为天天和客人打交道的终端导购人员，和陌生人说话成为不可避免的事情。我们工作的门店里，每天来的大部分都是陌生人，我们不知道她的姓名，无从知道她的爱好，也不了解她的性格，更不知悉她的生活……只是在这一瞬间，她走到你的面前，她可能是给你送钱的。世界著名销售大师原一平说，赞美是我销售成功的法宝。

赞美客户，哪怕是最难赞美的客户。推销技巧中用的赞美绝不是简单的"拍马屁"，赞美有四大原则。

第一，语调要热诚生动，不要像背书稿一样。

第二，一定要简要、流利顺畅，要讲平常所说的话。

第三，要有创意，赞美别人赞美不到的地方。

第四，要融入客户的公司和家庭。

女人们爱慕虚荣，当然喜欢别人对自己赞扬，无论是广告词里的赞扬还是售货员的赞扬，只要合适，她们都愿意听，都愿意相信那是真的。速溶咖啡面市之初就是发现了女人们的这一特点，及时把原来广告词里的"最省事的咖啡"改成了"给最忙碌的人喝的咖啡"。这样才一反以前的滞销而畅销不衰。一个会适时赞扬女顾客的店员是企业的财富，因为这样的店员会像魔术师一样打开女人的钱袋。

Chapter 05
聪明人如何开发客户

在一些针对销售培训课程上,培训老师也许会鼓励我们说:"只要信心百倍,就可以说服所有的客户。"这个论断对销售员的信心是一个极大的激励,对于改变销售员的精神面貌的确是有好处的。

但是,在具体的业务实践中,如果你对客户有一个统计分析的话,你会发现,人分三种:第一种是可以很快和你成交的直接客户;第二种是在未来可能会和你成交的潜在客户;第三种是不太可能和你做生意的无效人群。

这就意味着,销售人员在开发客户时,要多脑筋思考和寻找第一种人,多花时间维护和第二种人的长期关系,要判断和过滤出第三种人。这些策略的制定和实施技巧,需要在实践中不断学习、体会、总结和提高。

大胆地与陌生人说话

寻找客户很重要的一步,就是要大胆地与陌生人说话。当然你的业务可以从熟人开始,但是熟人毕竟有限,要想进一步开拓业务,就必须与陌生人打交道。

李小琳从学校毕业后找了个工作——推销保险,不知道是因为新手的缘故还是她还没有掌握推销的方法,一个月过去了,她一张单子也没签。

看着李小琳整天无精打采的样子，她的好姐妹玲玲决定帮她一下。于是玲玲就叫上李小琳和自己的几个朋友一块去 K46 唱歌，并顺便把这几个朋友介绍给李小琳。

到了 K46 后，还没等玲玲说话，李小琳就说："你明知道我五音不全唱歌会跑调，还拉我到这里啊？""玩玩嘛，我看你这几天挺闷的，介绍几个朋友给你认识。"

李小琳很不情愿，但碍于朋友的面子，就随便地跟那几个人打了一下招呼。在别人唱歌的时候，李小琳一直坐在沙发上喝水。

从 K46 出来后，玲玲还想再到别的地方玩一会，但是她那几个朋友却纷纷借口走开了。

人都是有感觉的，李小琳的行为态度已经把她的"不情愿"写在了脸上，谁还看不出来？而且每个人都是有自尊的，谁愿意拿自己的热脸去贴别人的冷屁股呢？

就这么不愿意与人打交道，是做不成保险的。作为一名销售员应该学会并主动与陌生人打招呼。

在宽敞的大厅里，人们三三两两地聚在一起，有的仔细品味着杯中的美酒，有的在小声地跟同伴说话。这时，一位穿着得体的先生走了进来，他微微笑着，向每一个人点头致意。当他看到大厅的一角有个高个子的人正与同伴愉快地交谈时，他仔细地打量了一下那几个人，然后轻轻地走到那几个人的身边，当听到他们交谈的内容时，这位先生眼睛亮了一下，脸上显出很兴奋的样子，冲着几位礼貌地点头致意。而那个高个子的人显然也注意到了这位先生，马上站直了身体，眼睛注视着这位先生。这位先生向高个子的人伸出了手，同时嘴里说着"您好……"随着两只大手握在一起，一段愉快的交谈开始了。

许多人在同老朋友交谈时感到自然协调，而面对陌生人时却显得很拘谨，为什么呢？很简单，因为老朋友都相互了解，彼此之间没有距离。而对陌生人却一无所知，特别是进入一个充满陌生人的群体时，有些人甚至怀有不自在和恐惧的心理。因此，如果你想把陌生人变成老朋友，首先要在心目中建立一种乐于与人交朋友的愿望，心里有这种要求，你才能有这样的表情，才能有这样的行动。上面那位先生开始就注意到了高个子的人，观察了一下之后心里有初步的判断，于是向他们走去。然后又倾听了他们的谈话，了解到他们的话题，这样脸上才有了兴奋的表情，才有结交那几个人的行动。显然，这位先生的表情和行动已经感染了那位高个子的人，引起了他的注意，因此，双方的交谈就是很自然的事了。

可以说，结识你周围的陌生人，这是销售员必须训练的技巧。想想看，在电梯里，在公共汽车上，在餐厅里，你有没有尝试着和你身边的人交谈过？只要你尝试着去做了，你就会发现，和走近你身边的人进行交谈是一件非常有趣的事情。

记住，善意的话语会使对方积极回应。

陌生人可能会问到你的工作，你客气地将名片递给他就可以了。如果你的运气足够好的话，对方会对你的产品很感兴趣，这不正是你需要的吗？

于是，你微笑着告诉他："我希望，有一天您或者您的朋友有可能会需要我的服务，为此我预先表示感谢。"准确地将这些话语和当时的气氛配合起来。"我希望"听起来一切都是自发的、自然而然的；"预先表示感谢"说明你为人礼貌；"有可能"显示一种谦逊的态度。

对你的这番话，对方也会及时作出反应。一般来说，会出现下面三种情况。

第一，他们同意打电话与你进一步讨论。

第二，同意让你打电话给他们，进一步讨论。

第三，他们不感兴趣，但将帮助你向感兴趣的人推荐。

现在你得到了什么？认识了一个你几乎没有可能认识的人，得到一名潜在客户或可能被推荐给别的潜在客户。

多种渠道搜寻准客户

多年以前，一个年轻人提问一个名叫豪雷斯·格瑞雷的报纸编辑，问他哪儿能寻找到机会。格瑞雷回答道："向西走，年轻人，向西走。"这一回答现在已家喻户晓。如果豪雷斯·格瑞雷是一名销售经理，那么他的回答可能会是："搜寻一下，年轻人，搜寻一下。"

搜寻在推销中的作用越来越重要。很明显，如果要进行销售，一个业务员必须能吸引潜在的顾客。但是，潜在的顾客从何处来？他们会主动送上门吗？有时候可能是这样，例如对于一个零售店的业务员而言。但是，对于保险、复印机、机器设备和大百科全书的推销人员来讲，仅靠等顾客上门则几乎什么都卖不出去。这些推销人员必须走出去，主动寻找顾客。

那顾客会出现在什么地方呢？

很多业务员都在抱怨无法找到顾客资源，殊不知资源就在你身边。

你所在的公司是最容易使用的资源，而且它肯定能为你提供帮助。销售人员应充分利用公司内部的渠道和手段搜寻顾客。

（1）当前顾客。公司的其他部门可能正在向你不知道的一些顾客进行销售。你可以从这些部门获得顾客目录清单以及与这些顾客有关的有价值信息。这些目录清单可能包括一些你以前忽略掉的潜在顾客。由于这些顾客是你公司的老主顾，所以非常有理由相信他们会对你提供的商品或服务感兴趣。

（2）财务部门。公司的财务部门能帮你找到那些不再从公司买产品的从前的顾客。如果你能找到他们不再购买本公司产品的原因，那么就有机会重新赢得他们。这些潜在顾客熟悉你提供的商品或服务，而且公司的财务部门对其信用有所了解。另外，公司的财务部门可能还有与这些潜在顾客签订信用合同的各种记录。这些资源对销售人员来说是非常珍贵而重要的。

（3）服务部门。公司服务部门的人员能向你提供新的潜在顾客的信息。

他们经常与从公司购买产品并需要服务、维护或维修的顾客进行接触，因此，他们更容易识别出哪些顾客需要新的产品。专业销售员要学会鼓励服务部门的人员提供有关潜在顾客的各种信息，在得到他们帮助后，记得要给予他们一定的回报。

（4）公司广告。很多公司订货增加是因为他们在特定区域内寄送了大量优惠卡。人们对这些措施的反应值得我们注意——他们为什么会有这样的反应呢？通常，有这些反应的人被称为活跃的潜在顾客。

（5）展销会。每年要有成千上万个展销会：有汽车展销、旅游用品展销、家具展销、电脑展销、服装展销、家庭用品展销等，名目繁多。公司要记下每个到展销柜台的参观者的姓名、地址和其他有关信息，然后把这些信息交给销售人员，以便他们进行跟踪联系。公司一定要迅速找到并吸引这些潜在顾客，因为展销会上的其他公司同样会对这些潜在顾客感兴趣。

（6）电话和邮寄导购。很多公司寄出大量的回复卡片，或是雇人进行电话导购联系。用这些方法可以获得大量潜在顾客，而且几乎所有的公司都可以用这些方法来吸引感兴趣的潜在顾客。

除了本公司内部资源以外，在公司以外还有很多资源可以用来寻找潜在顾客。选择何种方式取决于你所销售的商品或服务。

（1）其他销售人员。其他非竞争公司的销售人员经常可以提供有用的信息。他们在与自己的顾客接触时，可能会发现对你们公司的产品感兴趣的顾客。如果你与其他销售人员有"过硬"的关系，那么他们就会把这些信息通知你。所以销售员要注意培养这种关系，并在有机会时给他们提供同样的帮助。

（2）名录。目前市面上有很多带有姓名和地址的特殊目录或数据资料出售，你可以买到需要的名录。例如，你可以买到所有幼儿园名称和地址的目录，全国所有水产养殖场的名称和地址的目录，以及所有汽车销售代理商名称和地址的目录等。很多行业协会或主管部门都有其成员或下属机构的名录。

很多商业名录将公司按照规模、地理位置和商业性质进行分类。这些名录是你寻找新的潜在顾客的一个绝好出发点。它包含公司管理人员姓名和地址、工厂地址、财务数据及其相关产品的大型名录,在大型的公共图书馆或大学图书馆中都可以找到。请注意不要忽略地方出版的人名或商业的名录。像从名录手册中获取信息一样,我们现在也可以从中获取信息。使用计算机数据库非常简单,一旦你进入系统,你只要指出想要查询信息的关键字即可。

(3)社团和组织。公司的产品或服务是否只是针对某一个特定社会团体,例如:青年人、退休人员、银行家、广告商、零售商、律师或艺术家。如果是这样,那么这些人可能属于某个俱乐部或社团组织。因此,这些俱乐部在社团组织的报纸和杂志的名录将十分有用。

(4)报纸和杂志。只需留意一下报纸和杂志,就会发现许多潜在顾客的线索。报纸刊登的工厂或商店扩建的新闻对销售人员会很有帮助。在商业杂志以及其他一些杂志上,你可以找到更多的商业机会。专业杂志对于许多产品的销售人员有重要意义,销售员应了解一下本行业的杂志并从中寻找潜在顾客的线索。

如何锁定自己的目标客户

有位业务骨干这样谈到他刚入行时的一次失败。

在我从事推销工作的第一年,对客户的寻找可谓是充满波折。有一次,在一家客户那里,我进行了超过4次的拜访。然而,当我最终确定了报价后,客户根本就觉得不可能接受,最终我也没能说服他,这让我一度非常沮丧。还有一次恰恰相反,那是一家外资企业,他们对我提供的仅仅做了5%价格折扣的产品直接签了合同,我只进行了一次拜访。也许这只是一种运气,但我更愿意相信有一些必然的因素在里面。

我的那次失败,就是由于找的是不合适的客户,使得在这个客户身上所投入的时间和精力被浪费;缺乏对合格客户的标准评估,使得识别潜在客户产生偏差而造成无法准确定位。

相信很多人都会有类似的体验,这样的情况见得多了,我们将很容易得出一个结论:如果选准客户的话,我们会很省力。事实上,客户名单、联系方式、家庭地址等只是简单的客户信息,我们要找的绝不仅仅是这些,更多的是要明确你的客户范围。

由此可见,对客户进行寻找、调查是多么重要。对客户资料进行分析整理,确定你的客户范围,这是成功说服客户的第一步。在很大程度上,这决定着我们今后的目标与方向。

你的努力方向与目标的偏差越大,你获得的成功越小。这正如一项"圈地运动",如果你圈定的是一块贫瘠的土地,就永远不可能获得丰收。

那么究竟我们该如何去锁定自己的目标客户呢?

每个产品有特定的顾客,但潜在顾客应当具备一定的条件才值得业务员去争取,一般在研究顾客时,要考察以下几个标准。所谓准顾客,就是指可能购买的顾客。准顾客是至少具备以下三个条件的"人"。

(1)钱。这是最为重要的一点。销售人员找到准顾客就要想:他有支付能力吗?他有这种购买能力吗?一个月收入只有1 000元的上班族,你向他推销一部奔驰车,尽管他很想买,但付得起吗?

(2)权力。他有决定购买的权力吗?很多销售人员最终未能成交的原因就是找错了人,找的是没有决定购买权的人。小张在广告公司做广告业务,与一家啤酒公司副总经理谈了两个月广告业务,彼此都非常认同,但是总经理是他的太太。你想想看,一家公司太太当总经理,先生当副总经理,先生有权力吗?小张浪费了很多时间。有时使用者、决策者和购买者往往不是一个人,比如小孩想买玩具,他是使用者,决策者可能是妈妈,购买者可能是爸爸。你该向谁推荐?

(3)需求。要成为你的准顾客,除了购买能力和决定权之外,还要看他有没有需求。刘先生刚买了一台空调,你再向他推销空调,尽管他具备购买能力即钱和决策权,但他没有需求,凑不成一个"人",自然不是你要寻找的人。

具备以上三个条件的"人",就是我们要找的准顾客。

一般来说,对于每一个产品的不同特征,应该从以下内容分析顾客是否是业务员的目标:①年龄段;②性别;③家庭大小;④收入水平;⑤职业;⑥宗教信仰;⑦民族;⑧教育程度;⑨社会阶层;⑩人文地理特征:国家、省、市、地区、县、镇,人口规模,人口密度,气候;⑪生活方式:爱好、习惯、看电视的习惯、社会活动、运动;⑫性格分析:领导者还是追随者、外向还是内向、追求成就的还是满足现状的、独立的还是依附的、保守的还是自由主义的、传统的还是现代派的、有社会责任的还是以自我为中心的;⑬消费者行为:使用率、寻求的好处、使用方法、使用频率、购买频率;⑭企业市场:企业类型(制造商、零售商、批发商、服务业)、企业规模、经营年限、财务状况、员工人数、位置、结构、销售水平、分配形式、特殊要求。

在销售的过程中,还要注意一个问题,即方向的选择。为此,在销售的过程中,我们要回答以下三个问题来检验自己是不是进攻方向错了。第一,选择正确的行业。你要明确的是,在哪个行业出现了产品最大的需求,或者我们的产品与服务本身就是为了哪些行业而设计制造的。这些行业拥有较大的需求量和产品接纳能力及购买能力。第二,产品的定位如何?是低端、中端还是高端市场?哪种性质和规模的企业具有这样的需求能力?第三,谁是最能发挥我们产品与服务价值的客户,即谁是最好的客户。

找一个事业的"引路人"

如果刚刚迈入一个新的行业,很多事情根本无法下手。这时候,你需要能够给予你经验的人,从他那儿获得建议,这对你的价值非常大,我们不妨叫他为引路人吧。

引路人必须比你有经验,对你所做的努力感兴趣,并愿意指导你的行动。

引路人愿意帮助面临困难的人，帮助别人从自己的经验中获得知识。

判断一个人是否是优秀的引路人，还取决于以下三点。

（1）看他是否在行业里具有一定的影响力并且声誉良好。

（2）看他是否对行业里的技术和市场有深刻认识。

（3）看他是否具有行业里的广泛人脉关系。

如果你的引路人确实具备以上这些特点，那么恭喜你，你的事业必将在他的引导下如鱼得水。具体来说，他将为你带来以下好处。

第一，行业里的技术及产品发展趋势；第二，某些关键客户方向，让你能够不走弯路。

一位成功的销售员，在回忆自己当初的引路人时说道："有一段时间，我的事业陷入低谷。因为刚进入了一个全新的行业，对一切茫然不知，在说服客户时陷入了极大的困境。

正当我走投无路时，我有幸结识了一个朋友，他成了我在这个行业的第一个引路人。因为他对于我所处的行业有很深的认识，对行业里的厂商、公司老板，那些需要我们的产品的厂商都能够作出客观的评价。因此，这使得我的目标变得非常明确，他甚至告诉我这些公司的老板，哪些是和他关系良好的朋友，我打电话去的时候就可以以他介绍的名义来进行。"

通过"转介绍"开拓潜在客户

对很多销售员来说，感到最头痛也最吃力的事情，就是开拓潜在客户。其实事情远远没有你想象的那么困难，你现有的客户群就可以好好利用。

注意分析一下你收集来的客户资料，你将不难发现，在现有客户群中，还隐藏着很多潜在客户，存在很大的客户市场，等待你去开拓。怎么开拓呢？通过"转介绍"，也就是让客户不断帮你介绍新的客户。这是开拓潜在客户非常有效的方法之一，也是保证你不断获得潜在客户的重要资源。通过"转介绍",还可减少初次拜访的陌生感,同时又有介绍者的认可,更具说服力,较易赢得潜在客户的认可,促成签单。于是,你的客户群就像滚雪球一样,越滚越大。

1. 让客户认可你

你要向客户提出请求,并解释什么是"转介绍"。只有得到客户的认可,客户才会把朋友的近况及家庭情况告诉你,从而获得潜在客户的详细资料。

具体来说,获得客户认同要做到两点。

(1)要有责任感,笃守信誉,有责任心。在经营客户时,一定要重信誉、讲信用,以实际行动赢得客户信任,客户才乐意做"转介绍"。

(2)给客户提供满意的服务。只有以真诚的服务打动客户的心,才会获得客户的认可,客户才会放心地把这种服务介绍给朋友,把你推荐给朋友,自愿反馈朋友的信息。

让客户认可你,这是很重要的一步,迈出这一步,后面的事情就好办了。但如果你遇到拒绝提供"转介绍"的客户,就应该尽快找出客户拒绝的原因,打消客户的顾虑,解除客户的担忧,重获认同与肯定。

2. 获得潜在客户的资料

当你获得客户的认可后,他会主动把一些潜在客户的详细资料提供给你。你在收集这些资料时,主要应掌握潜在客户的姓名、年龄、家庭及单位地址和电话号码、教育背景及未来计划、目前收入和将来可能的最高收入。同时还应获知潜在客户的兴趣,掌握潜在客户的情感与性格,为陌生拜访奠定基础。

这样,你就对潜在客户有了大致的了解和认识,轻松掌握了潜在客户的生活详情,这时再有计划性地为潜在客户做准备,对症下药,整理出购买计划,将更具说服力。

3. 准确锁定潜在客户

根据自己掌握的资料,认真对潜在客户进行筛选,选择最具有可能性和最具有购买实力的潜在客户,锁定主攻对象。锁定潜在客户后,选择恰当的拜访时间、拜访方式、拜访话题，精心为潜在客户设计购买计划。

虽然是陌生拜访，但对客户资料了如指掌，如吃了定心丸，介绍更得心应手，句句说到潜在客户的心坎上。再则是经朋友介绍来的，潜在客户不会拒你于千里之外，更不会为难你，甚至还会产生一种亲切感、信任感。销售员可以借助自己为以往的客户提供的服务，用事实证明自己的信誉与能力。如此双管齐下，作用更为明显，相信会事半功倍。潜在客户也会打心里接受你的观点，成为你的客户，最终促成签单。

朋友以及朋友的朋友

不要说你没有朋友，或者朋友很少。对一名优秀的销售员来说，到处都是他的好朋友。换句话说，凡是认识你的人，哪怕只有一面之缘，只要你知道他们的联系办法，他们愿意了解你的工作和生活，关注你的事业，这些人都是你的朋友。

如此算来，天下何人不识君呢？

如果你的产品"刚好"是这些朋友们所需要的，为什么不帮助他们满足这种需求呢？说服朋友购买他所需要的产品，多半会被接受。从朋友的角度来说，只要他们喜欢你，相信你，希望你成功，也会愿意去尝试你的产品。

于是，在友谊的召唤下，他们将积极地回应，并成为你最好的客户。

即使你的朋友暂时不需要你的产品，也要与他们联系。寻找潜在客户的第一条规律是不要假设某人不能帮助你建立商业关系。他们自己也许不是潜在客户，但是他们也许认识将成为你的客户的人。不要害怕要求别人推荐。取得他们的同意，分享你的新产品、新服务以及新的构思时的关键语句是："因为我欣赏你的判断力，我希望听听你的观点。"这句话一定会使对方觉得自己很重要，并愿意帮助你。

总之，在你说服客户的时候，一定要把他们当作你的好朋友，而不是敌人或者对手。你要从内心深处把每一次说服，当作帮助朋友的绝佳机会。如果方法正确，多数人将不仅向你提出一些恰当的问题，他们还有可能帮你谈到一个大客户。

现在，你需要花一些时间和精力，和潜在客户培养出彼此之间的理解和信任，并建立起一种牢固的、长期性的友谊。你要想办法打消客户对你的抵触情绪，只要他们接受了你这个好朋友，也就一定会接纳你的产品。

如何在展览会上抓住客户

年会商展、贸易展是接触客户的良机，只要有完善的准备，正确的目标与持续的努力，抓住大量新客户将不再是销售人员的梦想。

对于每一个销售人员来说，展览会属于千载难逢的推销机会，商展或贸易展是目前最节省成本的市场开发方法——不论对参观者或参展者而言，都是如此。

所以，销售人员在商展或贸易展里的主要任务是去了解一位目标人物或准客户的需求，让你在展览结束后，可借助电话、信件做有效的后续追踪，使一名够资格的准客户与你约谈以及让你有机会推销。

为了更好地完成任务，你必须先做好充分的准备。拟订行动计划之前应准确明了地解答以下几个问题。

（1）我是买家、卖家，还是双重角色？几乎每位参加的人都有推销企图或推销计划，要不就是去学习如何推销。通过这个问题可以确定你行动计划的性质。

（2）如果你的目的是去推销，或者是从参展者那里取得一些资讯，你要如何完成这项棘手的任务？参展者也是去推销，不是去购买。他们对你留下的印象，会维持到展览会结束后至你后续追踪时，而且你要用最好的推销方法，因为还有很多的销售人员也在努力争取尽可能多的客户。

（3）身为参展者，除了名片之外不要带其他东西，而你要索取别人的名片，展览会结束后再给他寄你的资料。但如何取得客户资料呢？

（4）在展览会之前拟定你的目标准客户，然后搜寻他们，等待他们出现。这样，你就明确了对自己和对客户的定位以及行动目标，有利于开展推销活动。为了更好地开展活动，销售人员应该从布展的时候就开始进行活动并挑选目标。

（5）期盼在这次展览会中完成什么样的结果？你应有一个定义明确的目标，包括预期从此次展览会获得的准客户数目和业务量。

（6）让自己的接触收到最佳效果的方法就是要随时在场，有备而来，言之有物，并令人印象深刻。

（7）在展览会中还应充分利用其他工具来完成这项任务，如广告、标语、展示用品以及人物等。销售人员在展览会中确定的推销群体，不能仅局限于参观者，还应向其他参展者推销，他们也是我们的准客户。

（8）当展览开始时，要注意时间的分配，如果你每3分钟见一位准客户，9个小时下来，一天你才会见180位准客户。如果一天有3 500人到场参观，那就连6%也不到了，但不能因此而忽略了对客户的第一印象，这是取得客户信任的关键，也是成功的关键。

（9）可通过对准客户提出有威力的探问，以便立即判断出他们的资格，同时引起他们对你的兴趣。销售员应把这些问题写下来并经过演练，不断斟酌，使这些问题的答案能透露出约谈和推销的兴趣与资讯。

（10）应进行强力说明才能建立信任，刺激准客户采取行动，这些强力说明必须站在准客户的立场进行说明，还应令人难忘。

（11）每个销售人员都应尽量使所做的事与众不同，或者可以在竞争中脱颖而出，给准客户一个深刻印象，以便在商展结束后进行后续追踪时更加顺利。

综上所述，行动计划应大致如下：首先，不管你是展览会的参展者还是参观者，都要先确认资格；使用精心策划、经过演练、简短的介绍词来介绍自己和自己的行业，以及你之所以比别人强的原因，好感必须在 1~2 分钟内建立；试着去证实他们的需求，并向准客户确认一定会有回信或回电。然后，立即在他们的名片背面写下你需要的所有资料，如果会场挤满了人，你只能给每个人 1~3 分钟的时间。

此时，销售人员可以看到一大堆同行及大批的客户和准客户，这是分秒必争的场合，如何高效利用，切记以下 20 个重要因素。它可以告诉你如何规划下一次的参展，并让你获得最大的利益。这些成功法则与经验，会帮助你在商展中从事行销公关活动，并体会其中的影响力。

（1）需要做好一切准备工作包括展览品、宣传品人员等；你的展览说明、资料都要完全在掌握之中。印制令人印象深刻的传单或广告单，以便在后续追踪时，应对准客户提起的东西。

（2）做好行动计划并制定目标，包括你想得到多少准客户、你想拜访多少位客户、你想做到多少笔业务，以及你打算如何完成这些任务。这不仅能坚定你的信心，还能更好地实施计划。

（3）提早一天抵达，你不仅可以得到充分休息，知悉重要事情的最新消息，而且还能与许多商展的参展者与参观者同行增进了解。

（4）在布展期间开始活动。如果你不是参展者，想办法进入会场。早些在会场走动，你就占到了上风，因为许多公司总裁喜欢在布置摊位的时候出现，你可以提前与这些总裁交谈。

（5）选定与十位目标客户联络，建立关系，请他们吃晚餐，巩固你的卖主地位。

（6）选定与十位目标准客户联络，为稍后的推销建立好感。确定你的准客户和客户最有可能去的场合，你也去进行随时交流。

（7）每天都要第一个抵达会场，最后一个离去。多一两个钟头可能意味着额外的 100 次接触。

（8）参加研讨会与讲习课程，与你的准客户及客户交流。在研讨会中坐在正确对象的旁边可能会给你带来很多机会和潜力，或者挑选一个准客户或客户可能有兴趣参加的题目发表演说或主持研讨会，展现你的专业才能，可赢得他们更进一步好感与信任。

（9）到处推销，没有地方是禁区。嘴巴说、眼睛看（但切记非礼勿视），什么时候会碰见一位准客户谁也说不准（或者与他擦肩而过，如果你没有注意到的话）。

（10）如果你想和每个人打招呼，动作快点，平均一个人你只有7.5秒的打招呼时间。你最好可以很快判别身份，为你的目标识别提高警觉。不过，当有人看起来像是位准客户时，多花一点儿时间为后续追踪阶段建立好感。不要浪费任何时间在与业绩不相干的事情上。

（11）不要对任何人存有成见。因为老板有可能穿着休闲服，或藏起识别证，以避免不必要的骚扰。

（12）话语要简短、扼要、热情、幽默，握手要适中有力。

（13）证明购买者的需求。用试探的方式取得你想得知的资讯，但不要一下子讲太多。提出你的威力问题以及后续追踪问题来搜集资讯、建立兴趣、决定需求，并能让你用有意义的方式传递出自己的资料。提出最好的问题，把你最简明扼要的讯息准备妥当，以便在时机成熟时可以随时传递出去。在你展示自己解决问题的能力以前，先要对你的准客户有足够的认识，如此你的资料才会对他有强烈的影响。知道什么时候该说些什么话。

（14）展示你解决问题的方法。展示你有些什么东西是准客户需要的，并对他有帮助的。

（15）判断兴趣浓度。如果他们需要你推销的商品，你要判断出其购买兴趣浓不浓。在他们的名片上注明这些信息，以确定后续追踪的力度。

（16）让准客户承诺下次的联系。不要还没有确定下一步，就让一位理想的准客户离开。

（17）立刻在名片背面摘记重点。如果你和很多人接触，你不可能每件事都记得一清二楚。利用说话或对方转身离开时，立刻在名片背面写下重点摘要，主要包括对方的个人资料——高尔夫、小孩、运动、戏剧，这样在做后续追踪时才有参考资料可用。

（18）及时结束。当你传达完信息，并确定下次会面或行动以后，迅速转移目标客户，继续进行下一个接触。

（19）在晚上开小组聚会，为次日拟订或重订计划。在会场里很多事都发生得很快，你会遇见新朋友，随时都有商机，而在你行业里的一些举足轻重的人物，也不再遥不可及。你要达到最大利益，就一定要有一份书面的行动计划，并随着活动的进行作弹性的调整。

（20）自始至终保持清醒及愉快的心情。不要逼别人，也不要有压力，这从你的脸上都看得出来。商展会就像人生：你的态度越好，就会越成功。

在联谊会中结识更多准客户

"智者无不知之事，精明者无不识之人。"联谊会是销售人员结识大量客户的大好时机，如何把握这一时机呢？

首先，应该明确参加联谊会的重要性。通过它建立人脉网络，推销变得更轻松。

何为人脉网络呢？

人脉网络是认识那些可以帮助你建立事业的人；是创造冲往事业与成功生涯的推动力；是与商业友人聚在一起，将他们转变成客户、朋友；是建立并培养长期关系；是建立一个人力资源库。

你可以运用它协助你自己建立事业，只要你一个星期花几个小时来从事联谊活动，去结识一些新朋友。这里充满了机会，作为一名销售人员，你将从人脉网络中得到年年增加的利息和股息。另外，拥有积极正面的态度，联谊才会起作用。

首先，有效的人脉网络技巧与一个5年的人脉网络参与计划结合在一起，能使你获得：更多商业朋友、更多业务、更多商业教育、更多社区参与。

但想在联谊方面成功，销售人员必须拟订计划，并付诸行动。

这是一份能够帮助销售人员制订一套行动计划的调查问卷，应妥善加以利用。

（1）目前我在何处从事联谊活动？

（2）我该去哪儿从事联谊活动？

（3）我最好的客户在哪儿从事联谊活动？

（4）有哪三个组织是我应该去调查，或者说应该加入的？

（5）一个星期里我花几个小时从事联谊活动？

（6）我最想会见的五个人是谁？

（7）我第一年从事联谊活动的目标是什么？

（8）我有没有联谊工具？

（9）有谁对联谊很内行，是我可以打电话去寻求协助的人？

回答这些问题，确定并执行自己的行动计划。

其次，应该明确，联谊已经成为一个决定性的商业工具。它有效率，有业绩（几个小时内你可以接触到二三十个人），而且社交意味较浓（以社交方式谈生意比较容易，而且有趣）。

如果你对联谊的价值心存怀疑，不妨这么想：如果在一个房间里有100个人，而你有两个钟头的时间去联谊，你至少可以跟50%的人讲话，大概可以交50个朋友。而在其他环境下，要做50次商业拜访需要多少时间？可能是一星期。

很多人前去参加联谊活动，但很少有人真正知道如何做有效的联谊。想成为一位更有效率、更有生产力的联谊人，就要使用一些技巧与工具。但如何使用呢，它们又是什么呢？

在联谊活动里，每个人都想推销。有时销售人员得扮演买方的角色，有时又要成为卖方，因此必须要能够随时扮演其中一种角色。只有学习了联谊的技巧，销售人员才有机会成为会联谊的人，并完全掌控局面。

销售人员必须注意以下几点。

（1）事先设法知道有谁会参加，需要带什么去，你的目标是什么，以及公司里有没有其他同事会参加。

备妥做接触时所需的东西，如名片、行事历、记事簿等，这些都是建立信心的必备工具。

（2）提早抵达活动场所并一直待到活动结束。如果可能的话，站在入口处，一开始你可以看到每个人并锁定目标，结束时则可以把握到曾错过的人。

当你进入会场后，一定要先吃些东西，既要吃又要和人交际是有点困难。一抵达就先喂饱肚子，这样在余下的时间里才有空和人握手，说话时也不会把食物喷出来，同时可以更有效地达到交际的目的。

（3）至少绕人群走两回，熟悉每个房间与房里的人，知道准客户在哪儿，你就去哪儿设法找出最有可能使自己获得丰收的团体和组织，一般是在你现有客户里一位或数位参加的某团体。加入聊天行列之后，不要坐着等成功从天上掉下来，要积极主动地与客户交谈。联谊所做的接触不一定都得与业务有关，通常，一笔业务会衍生出另一笔业务。因此，只要结识优秀的人，并帮助他们就行了，其他的事自会水到渠成。

（4）一旦人们开始了解你，见到你的表现，他们会乐意与你做生意。所以，花 75% 的时间在那些你不认识的人身上，虽然和同事或朋友厮混在一起很有趣，但是却不能把任何准客户的名片放进口袋里，这样可能失去其他珍贵的接触机会；花 25% 的时间去巩固现存的关系和客户谈天，你对他们认识越深，他们对你与你们公司的忠诚度便会随之提高。成熟的关系可衍生业务，如果你与某人建立起稳固的关系，那么他们会特意为你找业务。只要结识有地位的人并帮助他们就行了，其他的事自会水到渠成。

（5）自我推销时间应为 30 秒或更少，这要求必须把自我推销的步骤内容记得滚瓜烂熟。等准客户介绍过自己之后，销售人员的下一个动作是要决定这是建立好感（找出共同兴趣）的时机或者是引起对方对你的商品或服务感兴趣的时机，不要浪费时间在无谓的行动上，如果对方不是准客户的好人选，不要浪费时间，但是离开时要非常客气。如果对方看起来像是个很好的准客户人选，你一定要和他建立公事以外的共同话题，找出你们两人知道或都喜欢的事物。因为销售人员的目标是接触整个房间里的人，所以不要花太多时间在同一个人身上，否则就失去联谊的意义了。如果找到一个好门道或好线索，可以多花一点点时间在他身上，要懂得点到为止。要聪明到懂得定时间见面，激起对方的兴趣，然后继续下一个目标。但在继续下一个目标之前，要先试着和他们定时间见面并拿到准客户的名片。一般来说，你应该先把名片给他们，或者说出一个你需要他们名片的理由（"给我一张名片，我好寄资料给你"）。如果准客户给名片时有点勉强，以后要约谈他可能会比较困难。之后，当你获得客户的信息时，立刻在名片背面写下相关资料，在后续追踪时，你会需要这些做参考。当你联谊的时候，要参与该组织的活动。

最重要的是，玩得愉快，也做个喜欢玩的人，这是认识其他人并建立珍贵关系的大好时机。人们喜欢和快乐的人相处，但不要喝酒，不要抽烟或浑身烟味。你必须一直待到联谊会结束，因为待得越久，认识的人就越多。

总之，在整个联谊过程中，你必须要全心投入，并付诸行动。说话要彬彬有礼，使用"请"与"谢谢"，会给别人留下好的印象；要简短扼要地回答客户的问题，如果有人问你从事什么行业，迅速简洁地告诉他；不要喋喋不休，为了说话而说话，要言之有物；要明白你能够解决些什么问题，不要尽说些介绍商品或服务的无聊话，站在你能如何去解决问题的角度说话；不要抱怨或说某人、某公司的坏话，因为你根本不知道正在和你说话的准客户，是不是跟你正在臭骂的某人、某公司或某商品有着某些关联。所以，使你的联谊活动成功的行之有效的方法如下所述。

（1）每天都采取联谊行动，一天做一点。

（2）一天至少要打电话给两个人（一年所做的接触就达500人以上）。

（3）一星期至少参加一次联谊活动。

（4）建立关系需要一段时间，六个月。

（5）在你无所求的时候结交朋友。

（6）把准客户与客户变成你的朋友。

如果你现在就行动起来，很快就能看到它给你带来的好处了。

轻松教你客户管理

客户管理是指对与你有业务往来的客户进行系统的辅导与激励，从而创造新的业绩。

要想加强你的服务与促销，你必须对"产品使用者"（包括中间商和最终消费者）加以有效管理。仅仅是提升客户的满意度并不够，还要做到提升他们的忠诚度，这样才能增加销售机会，提高经营绩效。

对客户的管理，通常有以下内容。

（1）客户资料档案。随时掌握客户的相关资料，并将客户资料加以建档、分类管理。

（2）销售额成长率。控制销售业务的成长状况、市场占有率。

（3）销售额的统计。分析月、年度销售额并评估销售的内容。

（4）销售额比率。本公司产品的销售额占客户销售总额的比率。

（5）经费比率。分析"销售经费增加"与"销售额增加"额度的比率高低。

（6）货款回收状况。留意货款回收的快慢与延迟现象。

（7）了解公司的方针。让客户了解公司的行政方针，通过正当操作来增加销售额。

（8）销售项目。客户的销售项目是否全为本公司商品？是否在为重点产品促销？

（9）商品的陈列状况。本品牌商品在经销店内的陈列状况（地点、空间、高度等）对促进销售非常重要。

（11）商品的库存情况。造成商品缺货或久置库存时，应分析原因，确定到底是客户对本公司的商品不关心还是销售人员调度不足。

（12）促销活动的参与。客户是否积极参与本公司所举办的促销活动？频率是多少？销售数量是否增加？

（13）访问计划。销售人员对各类客户的访问是否正确，并正确执行。

（14）支持程度。销售人员应检讨与客户的人际关系、意见沟通及对本公司的支持程度，并尽可能经常与客户交换意见，强化彼此关系。

（15）信息的传达。销售人员是否及时、正确地传达了促销活动或其他活动的信息给客户，并追踪客户是否积极参与。

制作客户资料卡

做好客户管理首先必须进行"建档管理"。"建档管理"即建立客户档案资料，就是将客户的各项资料加以科学化记录、保存，并分析、整理、应用，借以巩固双方的关系，从而提升推销业绩的管理方法。其中，"客户资料卡"是一种很重要的工具。

"客户资料卡"的用途：

（1）用以区别现有客户与潜在客户。

（2）便于寄发广告信函。

（3）利用客户资料卡可以安排收款、付款的顺序与计划。

（4）了解每个客户的销售状况，并了解每个客户的交易习惯。

（5）当你临时有事走不开时，接替者可以很容易地继续为该客户服务。

（6）在制订时间计划时，利用客户资料卡可以订立出比较节省时间的、有效率的、具体的访问计划。

（7）可以彻底了解客户的情况与交易结果，便于合作。

（8）可以为今后与该客户交往的其他本公司人员提供有价值的资料。

根据客户资料卡，对信用度低的客户缩小交易额，对信用度高的客户增大交易额，便于制定具体的推销策略。

同时我们也要对客户进行如下分析。

1. 最佳客户分析

最佳客户是指对你微笑，喜欢你的产品或服务，使你有生意可做的那些客户。他们是你希望的回头客。好的客户会这样做：让你做擅长的事；认为你做的事情有价值并愿意买；通过向你提出新的要求，来提高你的技术或技能，扩大知识，充分合理利用资源；带你走向与战略和计划一致的新方向。

2. 最差客户分析

差的客户正好相反，他们会这样做：让你做那些你做不好或做不了的事情；分散你的注意力，使你改变方向，与你的战略和计划脱离；只买很少一部分产品，使你消耗的成本远远超过他们可能带来的收入；要求很多的服务和特别的注意，以至于你无法把精力放在更有价值且有利可图的客户上；尽管你已尽了最大努力，但他们还是不满意。

3. "客户资料卡"的内容

通常，客户资料卡中应包括客户的基础资料、客户特征、业务状况、交易现状等四个方面的内容。

基础资料指客户的最基本的原始资料，主要包括客户的名称、地址、电话、公司所有者、经营管理者、法人代表及他们个人的性格、爱好、家庭、学历、年龄、创业时间、与本公司的起始交易时间、企业组织形式、业种、资产等。客户特征主要包括：服务区域、销售能力、发展潜力、经营理念、经营方向、经营策略、企业规模、经营特点等。业务状况主要包括：销售实绩、经营管理者和推销人员的素质、与其他竞争对手之间的关系、与本公司的业务关系及合作态度等。交易现状主要包括：客户的销售活动现状、存在的问题、保持的优势、未来的对策、企业形象、声誉、信用状况、交易条件以及已出现的信用问题等方面。

"客户资料卡"的填写和管理：

第一次拜访客户后即开始填写并整理"客户资料卡",随着时间的推移,你应注意对其进行完善和修订。

推销人员应对填写的"客户资料卡"妥善保存,并在开展业务过程中充分加以利用。充分利用"客户资料卡"可以有效地提升业绩。"客户资料卡"的建档管理应注意下列事项:你是否在访问客户后立即填写此卡?卡上的各项资料是否已填写完整?你是否充分利用客户资料并保持其准确性?每次访问客户前,先查看该客户的资料卡(因卡内注明了该客户进货日期、进货数量、进货种类、库存数量等资料)。推销人员应分析"客户资料卡"资料,并把它作为拟订推销计划时的参考。

在利用"客户资料卡"进行客户管理时,应注意把握以下原则。

(1)动态管理。"客户资料卡"建立后不能置之不顾,否则就会失去其价值。因为客户的情况总是不断地发生一些变化,所以对客户的资料也应随之进行调整。通过调整并剔除陈旧的或已经变化的资料,及时补充新的资料,在档案上对客户的变化进行追踪,使客户管理保持动态性。

(2)突出重点。应从众多的客户资料中找出重点客户,重点客户不仅要包括现有客户,而且要包括未来客户和潜在客户。这样可以为选择新客户、开拓新市场提供资料,为市场的发展创造良机。

(3)灵活运用。客户资料搜集管理是为了在推销过程中加以运用。所以,不能将建立好的"客户资料卡"束之高阁,要进行更详细的分析,使死资料变成活材料,从而提高对客户管理的效率。

Chapter 06
聪明人如何介绍产品

介绍产品有技巧

有一位推销员挨家挨户推销化妆品。在一家门前,在和客户进行过必要的寒暄之后,他说明了来意,正好对方也有购买的意愿,就拿起样品详细地研究了起来。很快,客户发现化妆品的包装上有"果酸"字样,就问那位推销员是什么意思,有什么作用。而这个推销员却一问三不知,根本回答不上来。客户一见,就拒绝购买这种产品。

销售人员在面对客户的时候,介绍自己所推销的产品,是一个必不可少的环节。这就要求销售人员一定要熟悉、了解自己产品的相关知识,掌握介绍产品的方法,不论客户问什么都能够给予完美的解释与回答,这样才有可能说服客户做出购买的决定。

销售人员如何介绍自己的产品,才能让客户对产品感兴趣?这需要一定的方法和技巧。

1. 了解你的客户

在见到客户之前,一定要先把客户的相关情况了解清楚,比如客户所从事的行业、爱好、功绩、家庭情况、习惯等。这样向客户推销才能游刃有余,介绍产品才能根据客户的情况有的放矢,并且让客户感到被尊重,有很多话题可以说，而不至于造成尴尬的场面。

2. 吸引对方的注意

在向客户介绍产品时，首先要吸引客户的注意，使他对你的产品产生强烈的兴趣，这样你才有机会展现产品，整个销售拜访过程才能顺利进行。

在向客户介绍产品时，需要考虑这些问题：

（1）我怎么才能引起客户的注意？

（2）我怎么才能证明产品物美价廉？

（3）我怎么才能让客户产生购买的欲望？

只有客户对你的产品真正产生了强烈的兴趣，他才会了解下去，而不仅仅关注价格，如果客户不断对你提出价格的问题，只能表示你没有用产品的价值吸引住他。

3. 强调产品的卖点与性价比

客户了解了你的产品之后，价格必然是其进一步关注的问题。销售人员不应该过于强调价格，仅说自己的产品如何便宜，而不注重强调产品的卖点与性价比。

产品可能有很多卖点，有的客户喜欢名牌，有的客户喜欢实惠，有的喜欢方便，有的喜欢好玩。在对自己产品的定位上，要注意强调产品的性价比，只有这样，才能突出产品的特点。

4. 进行产品示范

俗话说："百闻不如一见。"在销售过程中，多做示范是必要的。销售人员向客户介绍产品，一定要让客户不但听到，还能看到，甚至还能体验到产品，这样才能加深客户对产品的印象，增加客户对产品的兴趣和信心。

在向客户示范产品的过程中，销售人员要边做示范边问客户的感觉，根据客户的要求，展示出产品的特点，让客户感觉到产品实实在在的品质，从而更容易接受产品。

成为产品专家

商场里出现了这样一幕。

"小姐,这台冰箱为什么比那一台贵那么多钱?"一位家庭主妇问道。

"因为这台比那一台要好一些。"售货员小姐答道。

"这个我清楚,可是我想知道的是,究竟好在哪里?它有什么突出的优点,要值那么多的钱?"客户不依不饶。

"嗯,这个我不清楚,我只是负责卖的。"

对于销售人员来说,仅仅博得客户的好感是远远不够的,更重要的是要赢得客户的信任,使其最终购买你的商品才是目的所在。因此,有关商品的专业知识是销售人员必须掌握的。业务素质应该是销售人员必备的基础"硬件"。

要想成功地打动客户,销售人员就要将产品的优越性以最吸引人的方式或语句展示给客户,因而销售人员自己应先对所推销的商品有一个正确的、透彻的认识。以拥有百年历史的"雅芳"公司为例,这个业务遍布五大洲120多个国家和地区,营销代表逾200万人,年销售额达几十亿美元的公司,对旗下的销售人员有一条不成文的规定,即每个推销"雅芳"产品的人都必须是"雅芳"产品100%的用户。切身体会无疑是销售人员最具说服力的底牌,只有亲身试用,以一个消费者的角度去品评自己的产品,才会获得最可靠的第一手资料,才会对产品真正拥有信心,并把这种信心带到每一次营销过程中,用这种信心去感染每一位客户。也只有真正了解了产品,才会对客户所提出的与产品本身紧密相关的问题做到心中有数、应对自如。

如果说做销售95%靠的是热情,那剩下的5%靠的就是产品知识。销售人员成为产品专家后,就能够回答客户提出的任何问题,毫不迟疑并准确地说出产品的特点,熟练地向客户展示产品。只有具备了专业的丰富的产品知识，才能信心十足，才能产生足够的热情，成为销售专家。现在，许多顶尖销售人员最引以为豪的，不是自己的销售业绩，而是他们在其产品或服务方面的渊博知识无人能及。

因此，销售人员在进行推销之前，一定要对产品的以下基本特征有充分了解。

1. 产品的名称

有些产品的名称本身就具有特殊的含义。这些名称就包含了产品的基本特征，有可能也包含了产品的特殊性能，所以销售人员必须充分了解这些内容。

2. 产品的技术含量

产品的技术含量指的是产品所采用的技术特征。一个产品的技术含量的多少，销售人员应该心知肚明。在销售过程中，销售人员要扬长避短，引导消费者认识产品。

3. 产品的物理特性

它包括产品的规格、型号、材料、质地、美感、颜色和包装等。

4. 产品的效用

销售人员应该知道产品能够为客户带来什么样的利益，这是应该重点研究的地方。因为消费者之所以选择购买某种产品，正是因为该产品能够给消费者带去他所需要的效用。因此，销售人员应该注意以下几点。

（1）品牌价值：伴随着现在人们的品牌意识的提高，对于很多领域内的产品，消费者比过去更加注重产品的品牌知名度。

（2）性价比：这是理智的消费者会着重考虑的因素，在购买某些价格相对比较高的产品时，这种考虑会更加深入。

（3）特殊卖点：指的是产品蕴涵的新功能、其他产品所无法提供的功能等。

（4）服务：现在人们越来越关注产品的售后服务，但是，产品的服务不仅仅是指售后服务，还包含销售前的服务和销售中的服务。

介绍产品的 AIDA 理论

销售中的 AIDA 理论，也被称为"爱达"公式，这是西方推销学中的一个重要理论，在销售实践中得到了广泛的应用。AIDA 中的四个字母分别代表以下几个方面的内容。

A：Attention——吸引客户的注意；
I：Interest——引起客户的兴趣；
D：Desire——刺激客户的购买欲望；
A：Action——让客户采取行动。

这四个方面的内容也是客户作出购买决定的逻辑过程。一个成功的推销员，首先必须把客户的注意力吸引或转移到产品上，使客户对销售员所推销的产品产生兴趣，从而产生购买的欲望，进而再促使其行动，购买产品，达成交易。

1.吸引客户的注意

第一个词是"注意（Attention）"。销售人员在面对客户推销时，首先要引起客户的注意，要打破客户占主导地位的局面，让他将注意力集中在你所说的每一句话和你所做的每一个动作上。

在快节奏的现代生活中，人们往往都很忙碌，而且你的拜访通常被称为来自工作之外的干扰。那么,如何集中客户的注意力呢？你可以采用以下方法。

（1）保持与客户目光接触。眼睛看着客户讲话，不只是一种礼貌，也是销售成功的秘诀。要让客户从你的眼神中看到你的真诚，只要客户注意了你的眼神，他就会把注意力放在你的身上。

（2）向客户提出问题或想法。不管你从事何种产品的销售，都要设计出一个问题或者一番话来引起潜在客户的注意，你的问题或想法意在表明你的产品或服务可以很好地满足客户的特殊需求。

2. 引起客户的兴趣

第二个词是"兴趣（Interest）"。如果客户能满怀"兴趣"地听你的产品介绍，无疑说明客户在一定程度上认同了你的产品或服务，你的推销就向成功迈近了一步。

好奇之心人皆有之，客户对了解新产品和新服务会有着浓厚的兴趣，但仅仅有兴趣是不够的，你的介绍和演示还必须和客户的需求结合起来，从而才能引起他对产品的认同。

引起客户的兴趣属于推销的第二个阶段，它与第一个阶段是相互依赖的，集中了客户的注意力，才能引起客户的兴趣，而客户有了兴趣，他的注意力才会越来越集中。

3. 刺激客户的购买欲望

第三个词是"欲望（Desire）"。也就是说，当客户觉得购买产品所获得的利益大于所付出的费用时，他就会产生购买的欲望。因此，让客户认识到产品的积极作用，就是你成功实现销售的关键。

在大多数情况下，产品可以激发客户的购买欲望的原因有：增加收入或节约资金；有更高的性价比，更为方便；流行、时尚，令人羡慕；可改善自己在生活或工作中的状况。

在这个过程中，销售人员应该做的就是，找到产品的性能和潜在客户购买欲望的结合点，说服客户，让他相信你的产品可以让他得到这些方面的满足。

4. 让客户采取行动

第四个词是"行动（Action）"。推销的最终目的是让客户购买产品，在这个环节你要让客户作出明确的购买决定，这样你就完成了整个销售过程。

有些销售人员在向客户介绍产品的过程中，可能会打乱这四个步骤的顺序，或者忽略掉其中的某一部分，这样即使每个部分都是正确的，次序乱了，也不能起到任何作用。

因此，如果你想成为顶级的销售专家，就应该在这四个方面多努力，多练习和使用，直到将它们运用自如。

卖产品不如卖效果

销售人员推销的对象是商品，但你应该明白的是，有时候卖商品不如卖效果。比如别墅、名车、高尔夫会员资格等高级别的商品，它们往往是地位与身份的象征，你就应该在这个"地位与身份"上大做文章；汽车、摄像机、旅行，是人们追求舒适和快乐所要求的，对于这类商品，你就要不遗余力地向客户强调它们的使用效果及卖点所在；对于微波炉、全自动洗衣机、电脑等商品，你应该在功能和经济性上给对方以"利诱"；而对于钢琴、昂贵的化妆品、珠宝等，可以称为奢侈品的，你便可以抓住客户的虚荣心大加渲染。抓住你的产品会产生的效果，有侧重地加以说明，便会恰到好处地吸引住你的客户。

一位著名的推销员曾经说过："如果你想勾起对方吃牛排的欲望，将牛排放在他面前，固然有效，但最令人无法抗拒的却是煎牛排的'吱吱'声，他会想到牛排正躺在黑色的铁板上，吱吱作响，浑身冒油，香味四溢，不由得咽下口水。"正是这种"吱吱"的响声使人产生了联想，刺激了人的欲望。

为了使客户产生购买欲望，仅让客户看商品或进行演示还是不够的，同时还必须对他们加以适当的劝诱，使他们的头脑中呈现出一幅美景——该商品的良好使用效果。

有一位推销空调的高手，他从来都不会滔滔不绝地向客户介绍空调的优点如何。因为他明白，人并非完全因为东西好才想得到它，而是由于先有相应的需求，才会感到东西好。如果没有需求，东西再好，他也不会买。

所以，他在推销产品时并不说"这样闷热的天气，如果没有冷气，实在令人难受"之类的刻板的套话，而是把那些有希望购买的潜在客户，想象成刚从炎热的阳光下回到一间没有空调的屋子里，然后再诚恳地对他们说："您在炎热的阳光下挥汗如雨地工作后回家来了。当您一打开房门，迎接您的是一间更加闷热的'蒸笼'。您刚刚抹掉脸上的汗水,可是额头上立即又渗出了新的汗珠。您打开窗子,但一点儿风也没有;您打开电扇,吹来的却是热风,使您本来就疲劳的身体更加劳累。可是,您想过没有,假如您一进家门,迎面吹来的是阵阵凉风,那将会是一种多么惬意的享受啊。"

  优秀的销售人员都明白,在进行关于商品的说明的时候,不能仅以商品的各种物理性能为限,因为这样做,还难以使客户动心。要使客户产生购买的念头,还必须在此基础上为客户勾画出一幅梦幻般的图景,这样才能大幅度地提升商品的魅力。

介绍产品时要突出卖点

  销售人员在向客户介绍产品时首先要弄清楚,哪些是产品的基本性能,哪些又是产品的卖点。一般来讲,产品的性能特征就是指产品的具体情况,比如产品的功能特点和具体构成,而产品的益处指的是产品对客户的价值,也就是该产品的卖点所在。在介绍产品时,要把产品的特征转化为产品的益处,如果不能针对客户的具体需求说出产品的相关利益,客户就不会对产品产生深刻的印象,更不会被说服购买。如果针对客户的需求强化产品的益处,客户就会对这种特征产生深刻的印象,从而被说服购买。

  1. 掌握有效说明产品卖点的方式

  一般来讲,无论销售人员以何种方式向客户介绍或展示产品的好处,通常都会围绕省钱、方便、安全、关怀、成就感这几个方面展开。

  针对这些方面,销售人员要根据不同的客户采用不同的说明方法。例如:

  "产品先进的技术会给您带来巨大的效益。"

  "方便的使用方法会给您节省大量的时间。"

  "这种产品可以更多地体现您对家人的关心和爱护。"

  "产品时尚的外观设计可以体现出您的超凡品位。"

当然，销售人员应该注意的是，在说明产品的卖点时，必须针对客户的实际需求展开。如果提出的产品卖点并不符合客户的需要，那么这种产品的性价比再高，也不会引起客户的购买兴趣。

2. 突出产品的优势与卖点

当客户说出愿意购买的产品条件时，销售人员要将自己产品的特征和客户的理想产品进行对比，明确哪些产品特征是符合客户期望的，客户的哪些要求难以实现。在进行一番客观的对比后，销售人员就能有针对性地对客户进行推销了。

（1）突出产品的卖点与优势。销售人员要强化产品的卖点与优势，对客户发动攻势。例如，销售人员可以说："您提出的产品质量和售后服务要求，我公司都可以满足您，一方面，我公司的产品的特点在于……另一方面，我公司为客户提供了各种各样的服务项目，比如……"在强化产品优势时，销售人员必须保证自己的产品介绍是实事求是的，并且要表现出沉稳、自信和真诚的态度。

（2）弱化那些无法实现的需求。无论销售人员多么努力地向客户表明产品的各项优势，聪明的客户还是会发现，其推销的产品在某些方面还是达不到理想要求，这是不可避免的。如果你的产品达不到客户的要求，可以运用以下两个方法来弱化客户的异议：其一，只提差价。这种方法适用于很多产品的推销。例如，"只要多付1 000元，您就可以享受到纯粹的夏威夷风情。"其二，进行贴近生活的比较。这要求销售人员对自己的产品有较深的理解，并且这种理解符合大多数人的生活习惯。例如，"您只要每周少抽一包烟，购买这个产品的钱就出来了。"

对销售的产品要有信心

销售是一个将心比心的工作，对销售人员来说，信心是保证销售成功的必备素质。销售人员不仅要对自己的能力树立信心，还要对自己的产品和公司树立信心。试想，如果销售人员对自己的产品和对客户提供的服务都没有信心，又怎么能让客户购买你的产品呢？只有当销售人员对产品品质坚信不疑时，才能最终打动客户的心。

李维是一名优秀的厨房灶具推销员，他口才过人，思维敏捷，善于洞悉客户的心理。但在一次推销中，他还是失败了。

那天，他在一个商场内举办灶具推销活动，他热情洋溢的介绍，引来了众人的围观，现场气氛也非常活跃，已经有几名客户准备购买了。这时，他的邻居也到场了，问他："小李，既然你认为这种灶具这么好，你家为什么不使用这种灶具呢？"

李维想了想说："这是两码事，不能混为一谈。我们公司的灶具非常好，我早就想买一套用了。但是，你知道，我最近的经济状况不太好，孩子的学业花了我一大笔钱，我的妻子也生病住院了。这些事情让我的支出大大增加了，所以只能过一段时间再买了。"

听他这么一说，原来已经决定购买的客户改变了主意。他们说："既然你都不用你的产品，我们又怎么能相信你呢？"

这说明了一个问题，那就是销售业绩的好坏很大程度上取决于主观条件，即销售人员的心态问题。所以，销售人员首先要对自己推销的产品充满信心，才能让客户和你一样对产品建立信心。那么，销售人员如何才能树立对产品的信心呢？

1. 选择好产品

成功的销售，依赖于一个好的产品。推销员在从事推销工作之前，要对所销售的产品和公司有所选择，要选择有市场前景的产品和有实力的公司。如果产品无法为客户提供利益与价值，即使是世界上最优秀的推销员，也不能持续保持高销售额。只有质量合格、性能优良的产品才能为推销员增加收入和改变生活。

2. 自己率先购买所推销的产品

客户几乎无法拒绝真正热爱自己产品的人,这些人在生活上和情感上都很充实,因为对工作的热爱是成就事业的前提。而且,销售人员能够购买和使用自己推销的产品,这在无形之中会增加客户对产品的信心和依赖性。

曾有一个推销婴儿奶粉的销售人员一直为自己低迷的业绩感到苦恼,后来,他和朋友谈起时才恍然大悟,原来他一直都没有让自己的孩子食用这种奶粉,一直没有想到其实自己也需要。于是,这名销售人员立刻购买了这种奶粉给自己的孩子食用,在孩子食用的同时,他对自己的产品有了进一步了解。在他自己购买这种奶粉后,他的销售业绩也大有起色。

3. 始终保持积极向上的心态

有些销售人员在与客户沟通之前,很可能会因一些问题的困扰而忧心忡忡,诸如,如果完不成销售任务怎么办?如果客户百般拒绝怎么办?越是对这些问题感到忧虑,在销售过程中就越容易出现问题。因为,在你忧虑的同时,你实际上也把自己的消极情绪传递给了客户,客户是不会对一个怀有消极情绪的销售人员推销的产品产生兴趣的。

为此,销售人员应该培养自己积极乐观的心态,当你的心态变得积极时,客户自然就会受到你的影响。

用权威的数字来说话

在销售中,用数字说话,既显得专业,又能给人以最基本的信任感。

销售人员:"您好,请问王经理在吗?"

王经理:"我就是,您是哪位?"

销售人员:"我是××公司打印机客户服务部的××,我这里有您的资料记录,你们公司去年购买了××公司打印机,对吗?"

王经理:"哦,对呀。"

销售人员:"保修期已经过了7个月,不知道现在打印机使用的情况如何?"

王经理:"好像你们来维修过一次,后来就没有问题了。"

销售人员:"我给您打电话的目的是告诉您,这个型号的机器已经不再生产了,以后的配件也比较昂贵,提醒您在使用时要尽量遵守操作规程,您在使用时阅读过使用手册吗?"

王经理:"没有呀,不会这样复杂吧?还要阅读使用手册?"

销售人员:"其实,这还是有必要的,实在没时间阅读当然也是可以的,但不按操作规程操作,机器的寿命就会缩短。"

王经理:"最近业务还是比较多,如果坏了怎么办呢?"

销售人员:"没有关系,我们还是会上门维修的,虽然要收取一定的费用,但比购买一台全新的还是便宜的。"

王经理:"对了,现在再买一台全新的打印机什么价格?"

销售人员:"要看您选择什么型号的,您现在使用的是××公司3800,后续的升级产品是5800,不过需不需要完全要看您一个月的打印量。"

王经理:"最近的量开始大起来了,有的时候超过10 000张了。"

销售人员:"要是这样,我还真要建议您考虑5800了,5800的建议使用量是一个月A4正常纸张15 000张,而3800的建议月使用纸张是10 000张,如果超过了就会严重影响打印机的寿命。"

王经理:"您能否给我留一个电话号码,年底我可能考虑再买一台,也许就是后续产品。"

销售人员:"我的电话号码是8520×××转123。我查看一下,对了,您是老客户,年底还有一些特殊的照顾,不知道您何时可以确定要购买,也许我可以将一些好的政策为您保留一下。"

王经理:"什么照顾?"

销售人员:"5800型号的渠道销售价格是10 100元,如果作为3800的使用者购买的话,可以按照八折来处理,或者赠送一些您需要的外设,主要看您的具体需要。这样吧，您考虑一下，然后再联系我。"

王经理："稍等，这样我要计算一下，我在另外一个地方的办公室添加一台打印机会方便营销部的人，这样吧，基本上就确定了，是您送货还是我们去取？"

销售人员："都可以，如果您不方便，还是我们送过去吧，以前也去过，容易找的。您看送到哪里、什么时间比较好？"

…………

后面的对话就是具体落实交货的地点、时间等事宜了，这个销售人员只是打了一个电话，花了大约30分钟，就完成了一台打印机的销售。在这段对话中，销售人员在介绍打印机时，没有离开过数字，从非常专业的角度为客户介绍了新的打印机，并提示公司的优惠政策，因此成功是自然而然的事。

人际关系学大师卡耐基的一次经历，可以说是用数字说话的一个典范。他是这样说服一家旅馆经理打消增加租金的念头的。

卡耐基每季度都要花费1 000美元在纽约的某家大旅馆租用大礼堂20个晚上，用以讲授社交训练课程。

有一个季度，卡耐基刚开始授课时，忽然接到通知，要他付比原来多三倍的租金。而这个消息到来以前，入场券已经发出去了，其他准备开课的事宜都已办妥。怎样才能交涉成功呢？经过仔细考虑，两天以后，卡耐基去找经理。

卡耐基对经理说："我接到你的通知时，有点震惊。不过这不怪你。假如我处在你的位置，或许也会写出同样的通知。你是这家旅馆的经理，你的责任就是让旅馆尽可能多地赢利。你不这么做的话，你的经理职位就很难保住。假如你坚持要增加租金，那么让我们来合计一下，这样对你有利还是不利。"

"先讲有利的一面。"卡耐基说，"大礼堂不出租给讲课的而是出租给办舞会、晚会的，那你就可以获大利了。因为举行这类活动的时间不长，每天一次，每次可以付200美元，20个晚上就是4 000美元，但是租给我，显然你吃大亏了。

现在，来考虑一下'不利'的一面。首先，你增加我的租金，也是降低了收入，因为实际上等于你把我撵跑了。由于我付不起你所要的租金，我势必再找别的地方举办训练班。

还有一个对你不利的事实。这个训练班将吸引成千上万的有文化、受过教育的中上层管理人员到你的旅馆来听课，对你而言，这难道不是起了不花钱的广告作用了吗？事实上，假如你花 5 000 美元在报纸上登广告，你也不可能邀请这么多人亲自到你的旅馆来参观，可我的训练班给你邀请来了。这难道不合算吗？"讲完后，卡耐基告辞了，"请仔细考虑后再答复我。"当然，最后经理让步了。

卡耐基之所以获得成功，只是因为他站在经理的角度考虑问题，把增加租金与保持租金的好处用数字一个个清楚地表达出来了。

充分调动客户的想象力

通用电气公司几年来一直想推销教室黑板的照明设备给一所小学，可联系了无数次，说了无数的好话均无结果。这时一位推销员想出了一个主意，使问题迎刃而解。他拿了根细钢棍来到教室黑板前，两手各持钢棍的端部，说："先生们，你们看我用力弯这根钢棍，但我不用力它就又直了。但如果我用的力超过了这根钢棍能承受的最大的力，它就会断。同样，孩子们的眼睛就像这弯曲的钢棍，如果超过了孩子们所能承受的最大限度，视力就会受到无法恢复的损害，那将是花多少钱也无法弥补的了。"

没过多久，通用电气公司终于如愿以偿了。

在向客户介绍产品时，充分调动客户的想象力是非常重要的。如果能让客户自己来计算数字那就更好了，因为这样做给他们的印象更深，理解也更加透彻。

一个牙医做得更绝，他把患者的 X 光片放在墙上，使患者一坐下就可以看到自己牙齿损坏的情况。然后，牙医就会说："不要等牙坏到不能用的程度才来看病。"

在销售的过程中，推销员出示一定的实物，再说一些能够调动客户想象力的专业语言，就能够令客户在事实的基础上，发挥自己的想象力，从而产生认同商品的看法。

人的想象力是惊人的，对于同一个事物，不同的人会有不同的看法。因此，这就要求销售人员能够用自己的专业语言为客户开拓想象力铺平道路，并限制或发展客户的想象空间，这就像制造一个固定的空间，引导客户朝着自己设定的方向想象，从而达到销售的目的。

香港一家专营胶粘剂的商店，为了让一种新型"强力万能胶水"广为人知，店主用胶水把一枚面额千元的金币粘在墙壁上，并宣称"谁能把金币掰下来，金币就归谁所有"。一时，该店门庭若市，登场一试者不乏其人。然而，许多人费了九牛二虎之力，仍然徒劳而归。有一位自诩"力拔千钧"的气功师专程赶来，结果也空手而归。于是，强力万能胶水的良好性能声名远播。

同样的道理，在销售的过程中，充分调动客户的想象力，将会对你销售的成功有很大的促进作用。

一般的轮胎销售人员可能会这样平淡地介绍自己的产品："这种轮胎货真价实，持久耐用。"而一个具有想象力的销售人员可能会说出这样一段充满戏剧效果的话："您正带着孩子们以每小时80千米的速度驱车快速行驶，突然感到车下出现一连串的激烈颠簸，迫使您将车驶到路侧。原来您的车撞上了路面的一条钳口般的长裂纹……震得您浑身骨头都快散了架，震得汽车上的螺栓嘎吱乱叫。可是您不必担心您的轮胎，只要把紧方向盘就会万事大吉，这轮胎可以应付任何道路状况。"

上述两种介绍产品的方式，效果孰好孰坏，已不难分辨。

Chapter 07
聪明人如何处理顾客异议

顾客异议是指顾客认为不需要产品而形成的一种反对意见。它往往是在营销人员向顾客介绍产品之后,顾客当面拒绝的反应。

例如,一位女顾客提出:"我的面部皮肤很好,就像小孩一样,不需要用护肤品。""我们根本不需要它。""这种产品我们用不上。""我们已经有了。"等等。这类异议有真有假。真实的需求异议是成交的直接障碍。销售人员如果发现顾客真的不需要产品,那就应该立即停止销售。

虚假的顾客异议既可表现为顾客拒绝的一种借口,也可表现为顾客没有认识或不能认识自己的需求。销售人员应认真判断顾客异议的真伪性,对怀有虚假顾客异议的顾客,设法让他觉得推销产品提供的利益和服务,符合顾客的需求,使之动心,再进行销售。

客户异议的基本类型

所谓异议,是指在销售的过程中客户所提出的反对意见,无疑,这是交易达成的一种障碍,但只要处理得当,这种异议很可能转变为成交的一种信号。必须指出的是,几乎在每一次的销售过程中,面对销售人员的推销,客户总会提出这样或那样的异议。因此,准确把握并妥善处理客户的异议,是销售人员必须具备的一项基本业务素质。

在销售实践中，客户的异议主要表现为以下几种类型。

1. 价格异议

这是在推销过程中，销售人员遇见的最多的一类异议。从市场供求关系的具体情况来看，客户一般对产品的价格最为敏感，因为这与客户的切身利益密切相关，所以许多客户在产生购买欲望之后，首先就对价格提出异议。我们最常听到的就是"你这价格太高了"。

2. 销售人员异议

这是客户针对某些特定的销售人员的缺陷提出的，诸如销售人员的言语沟通不畅、信誉欠佳、缺乏应有的推销礼仪等，都可能导致客户对销售人员的异议。

3. 产品异议

在洽谈过程中，当客户对你推销的产品在质量、规格、品种、设计样式、包装装潢等方面提出反对意见时，客户对产品就有了异议。产品异议是一种常见的客户反对意见，一旦客户已经了解自己真实的需求，而又担心眼下这种产品能否满足自己需求时，自然会产生某种异议。产生这一异议的原因同样也是复杂的，它可能是由于产品自身的不足，但大多来自客户的主观因素，比如客户的文化素质、认识水平、消费习惯、购买方式以及其他各种社会成见等。

4. 需求异议

当客户对你说"我不需要这东西"或者干脆告诉你"我早已经有了"，这表明客户是在需求方面产生了异议。产生需求异议的根源有：第一，客户真的不需要你推销的商品；第二，客户的偏见与成见；第三，出于某种借口。如果根源在于第一种情况，那么销售人员就应该适时停止宣传介绍。如果根源在于后两种，那么销售人员应运用有效的异议化解技巧来消除这些障碍。

5. 购买时间异议

这是客户为拖延购买时间而提出的反对意见。例如，某位客户对上门来的推销员说:"让我考虑一下,下星期再给你答复。""我们不能马上决定,研究以后再说吧。"

客户在面对销售人员的推销时,可能会由于种种原因,希望拖延和推迟购买时间,有的是由于手头资金不足,有的是尚未考虑好是否购买,有的是身边还有存货,有的则是一种推托的借口。对此,销售人员应作具体分析,区别对待。

6. 支付能力异议

这是指有些客户以无钱购买为由提出的一种异议。比如,一位收入颇丰的客户买了一台日本进口的高级音响,他怂恿另一位刚毕业的小伙子也去买一台,后者坦率地告诉这位朋友,尽管建议很好,但现在无力购买。这种情况是一种真实的支付能力异议。当然,导致客户在支付能力上提出异议,其原因也是复杂多样的,不仅出于财力问题,更多地则可能是客户的种种借口,从而产生虚假的支付能力异议。

7. 货源异议

货源异议是客户对推销商品来自哪家企业和哪个推销员而产生的不同看法。在推销过程中,客户常会这样说:"这种产品质量不可靠,我更喜欢××品牌的产品。"这些都是货源异议。企业信誉不佳、同行之间出现激烈竞争、售后服务跟不上等情况均可能导致客户对货源方面提出反对意见。有时,客户的某种成见和误解也会影响对企业整体形象的评价。

8. 决策权力异议

上门推销时,客户有时会说:"这件事我做不了主,需要跟上级领导商量后才能决定。"有的客户还会说:"订货的事我无权决定。"类似这样的言语称为决策权力异议。这种异议与其他异议一样,存在真实与虚假之分,推销员要善于识别,准确判断,也许对方真的没有采购决策权,也许是因为其他的理由。比如,客户需要时间了解信息,调查市场情况,以便在谈判桌上运用合理的策略来讨价还价,争取更大的优势。

总之,正确认识客户提出的种种异议及其产生的根源,是有效地处理这些异议的前提条件。在许多推销场合，客户异议的主要根源来自于客户的主观心理因素。因此，对客户的各种心理障碍进行全面分析，将有助于销售人员施展推销策略与推销技巧，从而采取正确有效的方法来化解客户的异议。

找出异议背后的真实意图

客户在面对销售人员的推销时，总是会提出这样或那样的质疑，客户提出异议是因为他们想知道这件产品为什么值得购买，而这正是他们在微妙地传达对产品的兴趣。但是，很多销售人员却没有足够的耐心与勇气，一遇到客户的质疑就泄了气，就放弃了努力，转而到别处开始另一次推销。

其实，当客户真正对产品产生兴趣，而又拿不定主意买还是不买时，他们就会提出相应的异议，而这些异议正是他们将要购买的一种信号。如果对此处理得当的话，那么随后的成交就很有希望。

例如，客户已经有一套相应的软件系统，如果再买下你的那套软件，他就需要多付一笔费用，所以他很可能会说："也许我应该继续使用现有的软件，这样就可以节约一笔开支。"但他的实际意思很可能是想证实买下你的软件能不能给他带来好处。如果对方只是说："我还是用我现有的好了。"那就说明他根本就没把你说的话听进去。除非你能做些试探，套出他的真正意图，不然成交的希望很可能微乎其微。

实际上，有些反对意见的背后都潜藏着客户渴望了解更多信息的真实意图。下面就是一些这样的例子。

异议：我不觉得这价钱代表着"一分钱一分货"。

真实意图：除非你能证明你的产品是物有所值。

异议：这尺寸看起来对我不大合适。

真实意图：除非你能证明我穿上大小、长短正合身。

异议：我从未听说过你的公司。

真实意图：我愿意买你的货，但我想知道你的公司是否有信誉，是否值得信赖。

异议：我正在减少开支，所以我不想买任何新产品。

真实意图：除非你能使我确信你的产品真是我需要的东西，不然我是不会掏钱购买的。

如果你找不出客户提出异议的真正用意，那你就会错过很多本来有可能成交的生意。

保罗是一名股票经纪人，他正试图推销 A42 公司的 5 000 股股票，而他的潜在客户吉姆刚好是他的邻居兼好朋友。一开始，吉姆就对保罗提出了反对意见，他说他只会对那些盈利的公司进行投资。

"A42 公司的股票今年下跌了 5 个百分点呢。"吉姆说。

"是的。"保罗赶紧回答说，"不过，他们的股票不会再贬值了。我们的股市分析家估计明年会上升 8 个百分点。"

"我不相信，除非我亲眼看到。那家公司已经有 2 年多没有赢利了。"吉姆又说。

那么，吉姆表示出这种异议的真正原因到底是什么呢？原来，他的一个外甥也在推销股票，他准备让他的外甥做自己的经纪人。吉姆一味推托说明了他不知道如何去拒绝邻居而不致伤面子。可想而知，即使保罗使出浑身解数，也是不可能说服吉姆的，因为他说的一切都和吉姆的真正意图毫不相干。

也许辨别客户异议的最好办法就是当你提供确凿答案的时候留心观察对方的反应。一般说来，他们要是无动于衷的话，那就表明他们没有告诉你真正的异议。

另外需要注意的是，当客户对你提出一系列毫不相干的异议时，他们很可能是在掩饰那些真正困扰他们的原因。如果你懂得"要是不想购买的话，没有人会提出如此之多的真正异议"，那么你就可以提一些问题，以便揭示出客户内心的真实意图。

判别客户异议的真伪

在销售人员和客户沟通的过程中，客户总会以各种异议和疑虑来拒绝推销。销售人员在提供相关的资料、说明产品可以给予客户利益满足的同时，还要注意应对的技巧。在判断出客户异议的真假之后，应针对具体问题采用具体方法，消除客户的顾虑。请看以下具体案例。

客户："我收入太少，没有钱买保险。"

推销员："正因为收入少，才需要买保险，以获得更多的保障。"

客户："我钱不多，不想投资基金。"

推销员："正因为钱不多，才应该投资，以这种稳定的方式，可以获得更多的利润。"

客户："我这种身材，穿什么都不好看。"

推销员："对身材不满意，才应该通过衣服来修饰嘛。"

在推销过程中，销售人员经常会碰到各种各样的异议：你要去拜访客户，客户说没有时间；你在向客户讲解具体的产品性能，客户却因为成见而不置可否；你在努力询问客户的需求，客户却隐藏着真实的动机；你真诚地对待客户，他却小心防备……这些都属于异议的范畴。

有不少销售人员对客户的异议持有恐惧心理，认为异议最后只会带来失败。但是，优秀的销售人员却能从另外的角度来体会异议，把异议当成是成功的信息，从异议中判断客户的真实需求，从异议中了解客户对自己的接受程度，从异议中获客户更多的信息。

因此，对于客户的异议，销售人员大可不必感到畏惧，要尽力辨别出客户异议的真假，然后采取适当的应对措施。

1. 真假异议的表现

区分异议的类型是非常重要的，这样有助于销售人员有针对性地采取对策。一般来讲，异议分为两种类型。

（1）真实的异议。客户对你的产品很不满意；或者他现在没有需要；或者对你的产品抱有偏见；或者他使用过你的产品，知道你之前的产品容易出故障。这些都属于真实的异议。对于此类异议，销售人员可以视情况考虑处理的时机，是立刻还是延后。如果客户的异议重点是整个销售问题的关键，不处理掉就无法获得订单，销售人员就要立刻处理异议，以保证进一步沟通的顺畅。

在以下情况下，可以考虑延后处理：如果客户对你的产品偏见太深，需要长时间沟通和解释；当遇到你的权限无法解决的问题的时候；当客户对你的产品并不了解，就立即提出价格异议的时候；当客户的异议你无法用更确定的方式说服的时候。

（2）虚假的异议。假异议主要是指客户用一些借口来敷衍销售人员，从而达到自己目的的方式。客户的目的，可分为两类：一种是应付销售人员，客户对产品或服务实际上没有太大的兴趣，只是为了不想和销售人员沟通，不想介入销售活动，为了打发销售人员。另一种是用异议混淆销售人员的视听，这种异议并不是客户真正在意的，这种异议也被称为"隐藏的异议"。比如客户可能说："这件衣服是很早以前流行的款式了，现在早过时了。""这种照相机的功能我很喜欢，但是它的样子太丑了。"或者提出产品的品质、色彩等各方面的异议。客户这么说，并不是他的真正想法，而是借此来取得销售人员的让步，以达到降价的目的。

2. 对真假异议的判断

判断出客户的真假异议是非常重要的。如果客户的异议是假异议，只为了压价，当他提出产品的颜色不符合他的要求，而你却认为这是客户的真异议时，你解决问题的方法自然和客户的真实想法大相径庭，就会使双方的沟通不畅。因此，判断出客户异议的真假是非常重要的。

判断客户的真假异议时，销售人员可以运用提问的方式，也可以根据客户的身体语言进行判断。具体来说，身体语言可分为以下几种。

（1）表情语。人们常常通过面部表情来互相传递信息，像眼神动作和微笑、愤怒、悲伤等表情都可以起到传递信息的作用，表情不仅能够传递一个人的情绪状态，还能够反映一个人的喜、怒、哀、乐等内心活动。

（2）副语言。所谓副语言，指的是说话的语音、语调和语气等。它们伴随语言表达信息的真正含义，因而副语言与语言的关系非常密切，副语言更能表达出一个人的情绪和态度。

（3）体态语。所谓体态语，指的是人们在交流过程中所表现出来的身体姿势，如前倾、后仰、双臂交叉等。人们对待他人的态度，在体态上是很难掩饰和隐藏的，所以销售人员要善于观察和分析，然后准确地判断不同体态透露出的不同信息，这样就很容易清楚客户表达的异议是真是假了。

在判断出真假异议之后，针对真的异议，销售人员要采用相应的解决方式，而假的异议，销售人员就应该通过提问或旁敲侧击的方式来判断客户的真实意思，从而更好地应对，做到有的放矢。

处理客户异议的口才技巧

客户对商品提出异议是销售活动中的一种必然现象，它既是成交的障碍，又是客户有购买意向的征兆。如果客户没有购买的兴趣和动机，也就不必在商品上多费心思和口舌了。实际上，客户的反对意见说明他期望与销售人员沟通信息。

根据不同客户的反对意见，销售人员应选择相应的处理方式，并加以解释和说明。这种回答和解释的过程，实质上就是说服的过程。

1. "是的……，但是"法

以"是的"的回答来接受客户的意见，接着用"但是"的方式来陈述反对的意见。

例如，"您刚才说睫毛膏用上去比较干，是的，但如果您每次使用之前来回拉动几下让膏体充分附着在刷上,那样就不会感到干了。"

2. 先发制人法

当客户可能要提出某些反对意见时,最好的办法就是自己先把它指出来,然后采取自问自答的方式,主动消除客户的异议。这样不仅会避免客户反对意见的产生,同时销售人员坦率地指出商品存在的某些不足还能给客户一种诚实、可靠的印象,从而赢得客户的信任。但是,销售人员千万不要给自己下绊脚石,要记住:在主动提出商品不足之处的同时,也要给客户一个合理的、圆满的解决办法。

例如,"您现在可能在考虑压力是否过大,不必担心,这个安全阀的作用正是防止压力过大的。"

3. 询问法

从客户的反对意见中找出误解的地方,再以询问的方式来征询意见。

例如,一位客户正在观看一把塑料把柄的锯,问道:"为什么这把锯的把柄要用塑料的而不用金属的呢?看起来像是为了降低成本。"销售人员回答:"我明白您说的意思,但是,改用塑料柄绝不是为了降低成本。您看,这种塑料是很坚硬的,和金属的一样安全可靠。您使用的时候是喜欢既笨重,价格又贵的产品呢?还是喜欢用既轻便,价格又便宜的呢?"

4. 引用比喻法

通过介绍事实或比喻以及使用展示等(比如赠阅宣传资料、进行商品演示),用较生动的方式消除客户的疑虑。

例如,客户说:"一张好好的脸抹上那么多层化妆品,那还不抹坏了呀。"销售人员回答:"您看,在很多层衣服里面的皮肤,因为衣服阻隔了大部分的阳光照射和灰尘污染,不容易受到伤害,所以就细嫩。但是面部皮肤就不一样了,它会因为经常受到阳光的曝晒导致黑斑的产生,皮脂腺分泌出的油脂沾上了空气中的粉尘后,就很容易阻塞毛孔,会使皮肤产生黑黄色素、脓包、粉刺和过敏等。所以,我们应该给面部皮肤也穿上衣服。"

5. 自食其果法

使客户对商品提出的缺点成为他购买商品的理由，这就是自食其果法。对压价的客户，就可以采用这种方法。

例如，某客户说："你们的制度为什么那么死，不如别的商家灵活，你们能卖出去吗？"此时，销售人员要用肯定的语气回答："因为我们的产品是通过质量创建品牌，而不是通过销量创建品牌，我们一直认为没有一套严谨的、稳定的制度是不能制造出好的产品来的，也不能对消费者负责。您说呢？"

冷静地处理客户的异议

在面对客户的异议时，不管是什么情况，销售人员都不应该和客户发生争执。因为争执一旦发生，即使你的产品再好，客户也不愿意从你这里购买。当然，也并不是说客户永远是对的，为了避免争执，就要忍气吞声地放弃原则和利益，迁就客户的无理要求，而是要换一种方式妥善地解决问题。

例如，一位客户想退掉一件刚买的特价衣服，但商场规定这种衣服是不能退货的。这时，销售人员可以这样对客户说："我们商店有统一规定，特价商品是不能退货的。不过，我可以去请示一下经理，看他能不能给您特殊处理。"

当客户听到"特殊处理"这四个字时，会对销售人员产生一种好感。如果经理不同意退货，客户也会认为销售人员已经尽了力，就不会再难为销售人员了；如果经理同意退货，客户会认为自己受到了特殊待遇，心中更会对销售人员充满感激的。

客户永远是对的，这是每个销售人员都要牢记的话。但怎样才能避免和客户起争执呢？

1. 冷静分析客户的异议

如果客户的观点和你的观点相抵触，你就要判断这种异议产生的原因，并认真倾听客户的异议，从这些异议中获得更多的信息，然后再根据这些信息作出判断和应对。

有时客户提出的异议虽然很刺耳，但却并不是他们真正在意的地方。因为任何产品都不可能是十全十美的，客户对产品挑剔也是情有可原的。对客户不在意的异议，比如产品的款式和色彩等，销售人员大可不必放在心上，一言带过即可。

如果客户提出的异议是真实的，表明客户确实对产品的某些功能不太满意，销售人员就要有意强化产品的优点，来冲淡产品的缺点。如果客户对产品不满意的地方过多，销售人员就应该向客户介绍一些其他型号的产品。

2. 让客户多说

客户有异议时，如果销售人员拒绝倾听客户的异议，或者妄加揣测，自行处理，就会引起和客户的争执。因此，销售人员要多听客户的意见，进一步判断客户的需求。

其实让客户多说，本身就是给客户一个发泄的机会，这样销售人员不但可以了解客户的真实想法，还可以平息客户的某些不愉快的情绪，这样双方再沟通起来就简单多了。

相反，如果客户还没有说多少话，销售人员就赶紧表态，说出一大堆解决问题的办法，这些办法可能与客户的意见相左，不仅因为打断客户的讲话而让客户感到生气，还会向客户透露更多的信息。当客户掌握了这些信息后，销售人员就处于不利的位置。如果客户不愿意购买，他就能找出更多的拒绝理由；如果客户愿意购买，他就会拿这些信息做筹码，来压低成交价格。

3. 语气不要太生硬

销售人员在遣词造句上要特别注意，尽量回避一些生硬的词语。在对客户说话时，也要注意态度诚恳，客户是上帝，切勿伤害了客户的自尊心。

如果客户所说的话是错误的或不真实的，销售人员也要尽量避免直接反驳客户；如果客户所说的话是无关紧要的，销售人员可以一笑置之，不予理会；如果必须反驳客户的理由时，尽量采用间接反驳的方法，先肯定客户的部分观点，然后再反驳问题的本质。任何情况下，都要尽量照顾到客户的接受程度和自尊心。

用真诚去化解客户的异议

真诚是商业往来中的一种必不可少的态度，在任何场合都是需要的，在处理客户的异议时也不例外。真诚地对待客户，从客户的角度出发，才能更好地弄清楚客户异议的问题所在，然后再合理地帮助客户解决问题，就会获得客户的认同，促成交易。

1. 设身处地替对方着想

要做到替客户着想，就应该认同客户的观点，但是认同又不等于赞同，赞同是同意对方的看法和意见，而认同只是认同客户的感受、了解他的想法，但并不一定同意对方的看法。销售人员要做的，就是认同而不是赞同。认同可以淡化双方之间的冲突，把需要解决的问题看成双方需要共同面对的问题，以利于进一步解决异议。

患者："医生，我真的非常害怕拔牙，太痛了，有别的办法吗？"

医生："我了解你的感受，拔牙时是会有一点痛的。但如果不拔掉这颗牙，它就会继续发炎，还会伤害到其他的好牙。别害怕，我会尽最大可能减少你的痛苦。"

患者："好吧。"

在处理客户异议时，销售人员若表现出从对方的立场出发，认同客户的感受，就会站在双方共同的利益角度上客观地审视双方面临的问题，然后和客户协商，达成交易。认同客户的异议，这是成功解决异议的开始。

2.学会去安抚客户的情绪

一位心理学家多年的研究结果表明：人们对某个结果产生，比起结果本身更为在乎其过程。根据这种理论，客户在决定是否购买的过程中，其实是非常痛苦的，当他决定买或者不买之后，就会如释重负。

所以客户提出异议后，销售人员在认同客户的感受的基础上，更要安抚好客户的情绪，以友好的态度来对待客户，营造出一种公平、愉快的氛围，给客户带来良好的感觉。

当客户感到愉快、受到重视时，他就会尽量与销售人员沟通，从而可能有更多的购买产品的机会；而如果客户感受到威胁，他就可能会迅速离开现场，让自己回到安全的范围。所以，安抚客户的情绪是非常重要的。

有一个著名的修车厂业绩一向比同行要高，原因是这个修车厂的服务原则是"先修人，后修车"。当客户来修车时，心情肯定是不好的，所以先安抚客户的情绪才是最重要的事情。在处理客户异议时也是这样，关注客户的情绪、关注客户的需求，直接与客户的情绪对话，真正了解客户的心声，了解客户的心理需求，并对此作出恰当的回应，这样将大大提高成交率。

3.真诚地去处理客户的异议

面对异议时，出现急躁和不舒服的感觉是正常的，但销售人员应该调整态度，让客户感觉你明显尊重他的异议。只有在客户感到受尊重时，才会感觉自己的异议被重视，他才会相信你会全力解决问题而不是随口应付，他才会和你交流，说出心里话，提供更多的信息。

（1）进行积极的询问。在一般情况下，异议的背后通常有很复杂的原因。在没有确认客户异议的重点和程度之前，销售人员直接处理客户的反对意见，往往只是治标不治本，甚至有可能引起更多的异议。因此，积极地向客户询问就尤为重要，要多问一些"为什么"，让客户自己说出原因。在询问客户问题时，多问一些开放性的问题，这样客户就会说出更多的信息，销售人员就可以更好地作出判断。

（2）表达自己的诚意。在面对客户的异议时，销售人员可以运用以下回答来表明诚意："这是我们的责任……是我的错……""您这么考虑是正常的，不过……""最迟今天下午5点，我会给您满意的答复的。""我现在就给经理打电话。""我立刻去办。"而对于一些情绪化的异议，比如"这个包装太难看了""我不喜欢这个款式"等，销售人员只要面带微笑就可以了，这些意见和眼前的交易没有太直接的关系，销售人员应以诚恳的态度对待，然后迅速转移话题。

（3）回答客户的异议。称职的销售人员，不但懂得如何找出客户异议的问题所在，准确回答客户的问题，还要善于选择适当的时机，懂得在何时回答客户异议，这样的销售人员会取得更大的成绩。何时回答客户的问题，要具体情况具体对待，一般情况下，异议是需要立刻回答的，这既是对客户的尊重，也是促成客户购买的需要。

直接否定客户的异议要把握好度

销售过程中，当客户的异议来自于不真实的信息或者误解时，销售人员可以使用直接否定法，这样可以直接纠正客户对问题的看法，从而消除异议。不过，在直接否定客户的看法时，销售人员一定要注意语气和措辞，因为直接否定客户是一种危险的方法，处理不好就会让客户恼羞成怒，直接离去。

大多数情况下，直接反驳客户，容易使气氛紧张，使客户产生敌对心理，不利于客户采纳销售人员的意见。但是，如果客户的反对意见是由于对产品的误解，而你确信自己有能力说服客户，就不妨直言不讳。但在反驳客户时，一定要注意用友好而温和的态度，最好能够引经据典，以绝对优势来说服客户，这样可以让客户感到你对产品的信心，从而增强客户对产品的信心。

1. 直接否定客户时要把握好度

客户："我不会跟你们合作的，因为贵公司经常延迟交货，简直是糟糕透顶。"

销售人员:"孙经理,您这话恐怕不太确实吧?在我所接触到的客户中,还没有客户这样讲的。他们都认为本公司的信誉是很好的,在行业内也是有口皆碑的。您这么说,可否举出一个实例?"

在这个案例中,这样的问题是必须直接反驳的,因为"延迟交货、不守信誉"是异议的重点,如果真有此事,客户必然能够拿出证据,但如果客户的说法只是传言,并无实在的证据,客户便会无言以对,异议的问题也就得到了解决。

直接反驳客户异议时,销售人员应该注意以下几点。

(1)态度要委婉。直接反驳客户的异议,必然会在一定程度上引起客户的不快,为了避免触怒客户,销售人员应该真诚,语气要诚恳,面带微笑,切勿斥责客户或者挖苦客户。下述销售人员的一段话显然不妥,"如果贵公司坚持这个价格的话,请为我公司的员工准备过冬的衣服和食物,总不能让我们的员工饿着肚子、瑟瑟发抖地为你们干活吧。"

(2)对事不对人。在直接反驳客户时,最忌讳的就是伤害客户的自尊。在销售人员委婉地说话时,要考虑客户的感受,并把反驳意见针对事情本身,而不要针对客户,这样可以尽量减少客户不良的心理感受。

(3)针对性询问。如果客户的异议是以问话形式提出的,运用直接反驳法还是比较好的,这样容易给对方一个肯定自信的感觉,而且因为对方是问话形式,所以在语气上并不会给对方造成多大的心理伤害。

2. 用间接反驳代替直接反驳

如果可能,销售人员应尽量采用间接反驳来代替直接反驳。

间接反驳客户,指的是销售人员在听完客户的异议后,先肯定对方异议的某一方面,再陈述自己的反对意见,这种方法又叫作迂回否定法。

例如,客户说:"你们这个项目,看起来并不如你说得那么完美,其中存在不少的漏洞。"如果销售人员直接反驳:"孙经理,您错了。您根本没有听明白我的意思。"这必然会引起对方的不快,给对方造成心理压力。而如果销售人员说:"孙经理,您说得对,一般客户在看待这个问题时,会有和您相同的看法，我自己也会这样想。但如果仔细想一想，再深入研究一下，您就会发现……"这样对客户说，就容易扭转客户的想法，逐渐让客户同意你的说法。

使用间接反驳法，可以采用以下两种方法。

（1）转化异议。这种方法指的是利用客户的异议作为说服客户购买的理由，虽然也是反驳，但表达感觉上不容易被客户注意，而是直接转入问题。例如，客户说："很抱歉，我财力有限，现在没钱购买。"销售人员："孙经理，可不要这么说，我想正因为财力有限，现在才是更好的机会。现在房价涨得这么快，能赶早就不赶晚啊。"

（2）肯定形式，否定实质。每个人都渴望被理解和认同，间接反驳客户，可以先从对方的意见中找出彼此一致的内容，予以肯定，产生共鸣，而后，再借势说出你的不同看法。这里肯定的只是次要的部分，否定的才是问题的本质，但这样一来就容易被对方接受和认同。

引导客户说出真实想法

针对客户的异议与拒绝，销售人员应该充分发挥个人的口才，引导客户向你设定的预期方向转化。

1. 提前进行巧妙的暗示

销售人员在开始同客户会面时，就应留意向客户做些对商品的肯定暗示，从而使对方说不出拒绝的理由。例如：

"夫人，您的家里如果用本公司的产品进行装饰，那肯定会成为小区中最漂亮的房子。"

"本公司的储蓄型保险是您最好的投资机会，5年后开始返还，您获得的红利正好可以支付您儿子的大学生活费。"

在暗示之后，要给客户充分的时间，以便这些暗示逐渐渗透到客户的思想里，进入客户的潜意识。

当你认为已经到了探询客户购买意愿的最好时机时，你可以这样说：

"夫人，您刚搬入新建成的高档住宅区，难道不想买些本公司的商品，为您的新居再增添几分现代情趣吗？"

"为人父母，都要尽可能地让儿女受到最好的教育，怎么样？您考虑过筹集费用的问题吗？我劝您向本公司投保。"

"您有权花钱买到最佳商品，您可别错过这个机会，买我们的商品吧。"

利用这些方法给客户一些暗示，客户的态度就会变得积极起来，等到进入推销过程中时，客户虽对你的暗示仍有印象，但已不认真留意了。当你稍后再试探客户的购买意愿时，他可能会再度想起那个暗示，也许还会认为这是自己思考得来的呢。

客户经过长时间的讨价还价，办理成交又要经过一些琐碎的手续，所有这些都会使客户在不知不觉中将你的暗示，当作他自己独创的想法，而忽略了它是来自于你的巧妙暗示。因此，客户的情绪受到鼓励，就会更加热情地进行商谈，从而避免了那些节外生枝的拒绝与异议的提出，直到达成交易。

2. 设法让客户说"是"

尽量避免涉及让对方说"不"的问题，而在谈话之初，就要让他说出"是"。推销时，刚开始说的那几句话是很重要的，请看下面的这个例子。

"有人在家吗？……我是汽车公司的。今天，我是为了轿车的事情前来拜访的……"

"车？对不起，现在手头紧得很，还不到买车的时候。"

很显然，对方的答复是"不"。而一旦客户说出"不"，要使他改为"是"就很困难了。

因此，在拜访客户之前，首先就要准备好让对方说"是"的话题。例如，对方一出现在门口，你就递上名片，表明自己的身份，同时说："在拜访您之前，我已看过您的车了，这间车库好像刚建没多久嘛……"只要你说的是事实，对方必然不会否认，自然也就会说"是"了。就这样，你已顺利得到了对方的第一句"是"。这句话本身，虽然不具有太大意义，但却是影响销售进程的一个关键。

"那您一定知道，有车库比较容易保养车子喽？"

除非对方存心和你过不去，否则，他必然会同意你的看法。这样一来，你不就得到第二句"是"了吗？所以说，比"如何使对方的拒绝变为接受"更为重要的，是如何不使对方拒绝。

3. 引出客户的真心话

"考虑看看再说"也是客户经常使用的拒绝理由之一，话虽然说得婉转，但真正的想法可能是"我听腻了你那一套说辞，反正我又不打算买，随便敷衍一下，使一下缓兵之计"。在这种情况下，推销员倘若认为目前时机尚未成熟，真的请客户好好考虑一下日后再来，就未免过于"死板"了。要处理这种状况是有点棘手，因为客户会说出这句话，多半是在推销员已经做了相当程度的说明后，就算勉强再运用其他的对付拒绝语言的处理方式，效果也不会很好。

所以，推销员要懂得调适自己的心态，要有"被拒绝是当然的事"的心理准备，不能惧怕被拒绝，要坚强地面对客户的拒绝，引导客户说出真心话。

有些异议不必太当真

客户拒绝的原因有很多，而且很多原因是无法改变的，所以销售人员所能做的，就是通过沟通越过双方的心理障碍，激发客户的购买欲望，促成交易。

在以下拒绝方式中，大部分都是客户习惯性的抗拒方式，销售人员不要在这个问题上碰壁就直接放弃，而应该深入进去，找到客户拒绝的真正原因。

1. "我不需要"

这是销售人员经常碰到的拒绝方式，也是人们最习惯说出的一句话。有统计数据表明，将近80%的客户对现有的产品或者服务感到不满意，但却不想采取任何措施去改变现状。在大多数情况下，销售人员喋喋不休地介绍，让客户产生了抵触心理而说出"我不需要"。

其实，"我不需要"是最容易克服的，良好的开场白可以避免客户的排斥心理。只要你能够讲得足以引起他的兴趣，就等于有了打开成功大门的钥匙。

2. "我没钱"

比起"我不需要"的使用频率来讲，"我没钱"紧随其后。这种拒绝实在让人烦恼，销售最终的障碍也出现在这里。

但是，这句话在更多的时候，也只是一种借口。如果客户对产品的需求是强烈和必需的，由此产生一种"紧迫"的需求，没钱的借口就不攻自破了。因此，销售人员不必因为客户提出"没钱"的异议就否定这次推销。如果出现了这种情况，只能说明你对客户的需求启发不够，对产品给客户带来的利益让客户明白得不多。

3. 不必回答的问题

在销售人员与客户沟通的过程中，往往会遇到很多问题，比如一位客户似乎对一款家电感兴趣，但在购买决定作出之前，突然指责家电上的一些小问题，在销售人员和他争辩的过程中，客户愤然离去。其实这个客户挑剔产品，最大可能是他想要压价，这样的异议是不需要回答的，解释和争辩只能使问题越来越乱。

客户提出的有些异议会随业务洽谈的进行而消失，比如一些自我表现性的问题、容易造成争论的问题、明知故问的发难。对于这些问题，销售人员可以不予回答，最好的方式是沉默、假装没听见、答非所问、转移对方的话题。

当客户真正对产品发生兴趣时，即使他们提出一些异议，也并非表明他们是在真正地拒绝，大多数情况下，这只是他们采用的一种手法。

销售人员必须有足够的承受能力，千万不要让客户的一个"不"字就把你给击垮了。

Chapter 08
聪明人如何快速成交

在足球比赛中,所有的盘带、过人、传球、配合,都是为了一个最终目的——射门进球。

同样的道理,在销售过程中,开发客户、拜访客户、说服客户,最终都要落实到客户的签单成交上。

抓牢成交的信号

在销售活动中,成交的时机是非常难以把握的,太早了容易引起客户的反感,造成签约失败;太晚了,客户已失去了购买欲望,之前所有的努力就会付诸东流。那怎么办呢?有经验的销售人员告诉你,当成交时机到来时,客户会给你一些"信号",只要你留心观察,就一定可以把握成交时机。

客户的购买信号具有很大程度的可测性,客户在已决定购买但尚未采取购买行动时,或已有购买意向但不十分确定时,常常会不自觉地表露出他的态度。在大多数情况下,客户决定购买的信号通过行动、言语、表情、姿势等渠道反映出来,销售人员只要细心观察便会发现。

所以,销售人员一定要培养自己敏锐的业务眼光,这是销售人员成功的重要武器。能够洞悉客户的心意是完成交易的第一要诀,这个要诀想要明确说明并不容易，但可以从对方的反应与实际的状况略见端倪。

如何才能把握客户的购买信号呢？必须先要了解客户对商品的反应如何。一般的客户对产品认同与否的反应大致可区分为眼神、姿势、口气、语言方式这几项，分述如下。

1. 眼神专注

最能够直接透露购买信号的就是客户的眼神，若是商品非常具有吸引力，客户的眼中就会显现出美丽而渴望的光彩。例如，当销售人员说到使用这两项商品可以获得可观的利益，或是节省大额金钱时，客户的眼睛如果随之而亮，就代表客户的认同点是在获利上，此时客户正显露出他的购买信号。

2. 动作积极

你将宣传资料交给客户观看时，若他只是随便地看看后就把资料放在一旁，这说明他对于你的资料缺乏认同，或是不屑一顾。反之，若见到客户的动作十分积极，仿佛如获至宝一般地翻看与探询，则已浮现购买信号。

3. 姿态反映心态

当客户坐得离你很远，或是跷个二郎腿和你说话，甚至是双手抱胸，都是代表他的抗拒心态仍然十分强烈，要不就是斜靠在沙发上用慵懒的姿态和你谈话，或是根本不请你坐下来谈，只愿意站在门边说话，这些都是无效的推销反应。

反之，若是见到客户对你说的话频频点头应和，表情非常专注而认真，身体越来越向前倾，即表示客户的认同度高，两人洽谈的距离越来越近，客户购买的信号也更加明显。

4. 口气发生转变

当客户由坚定的口吻转为商量的语调时，就是购买的信号了。另外，当客户由怀疑的问答用语转变为惊叹句用语时也是购买的信号。例如，"你们的产品可靠吗？你们的服务怎么样？"等问句，如果变成"使用你们产品之后有没有保障呢？必须多久保养一次？"也都透露出客户在认同产品后，心中想象将来使用时可能产生的迷失，因此会以问题来替代疑惑，而呈现想要购买的前兆。

5. 语言购买信号

语言信号是客户在洽谈过程中通过语言表现出来的成交信号。大多数情况下，客户的购买意向是通过语言形式表达出来的。这也是购买信号中最直接、最明显的表现形式，销售人员也最易于察觉。通常表现为：关心送货时间或怎样送货；询问付款事宜，包括押金、资金或折扣。口头或非口头地向配偶、朋友或亲人等征求赞同。例如，

"一次订购多少才能得到优惠呢？"

"离我们最近的售后服务中心在哪里？"

"有朋友说它性能非常可靠，真是这样吗？"

"您的产品真是太漂亮了。"

"这倒蛮适合我们的，能试用一下吗？"

当客户为了细节而不断询问销售人员时，这种一探究竟的心态，其实也是一种购买信号。如果销售人员及时因势利导，释疑解惑，而且答案也令其满意，订单马上就会到手，怕就怕有些客户会问一些不着边际的话来逗你，让你疲于奔命，或是问一些十分艰涩的问题，企图用问题来打垮销售人员的信心，此时销售人员必须凭着经验判断客户的用意，并在很快的时间内转移话题，再引入销售话题。

有以上情况发生时，已不再是需要考虑的时刻了，这些问话，都是成交的信号，你要赶紧抓住这个机会。上面所列的种种表现，仅仅供销售人员参考。一名优秀的销售人员不仅知道如何捕捉客户的购买信号，而且应该知道如何利用这些购买信号来促成客户的购买行动。下面一则案例，或许可以给我们提供一些有益的启示。

某家产品的销售人员对产品进行现场示范时，客户发问："这种产品多少钱一件？"对于客户的这个问题，销售人员可有三种不同的回答方法：

（1）直接告诉对方具体的价格。

（2）反问客户："你真的想要买吗？"

（3）不正面回答价格问题，而是给客户提出："你要多少件？"

在所举的三种答复方式中，哪一种答法为好呢？很明显，第三种答复方法可能更好一些。客户主动询问价格高低，这是一个非常好的购买信号。这种举动至少表明客户已经对推销的商品产生了兴趣，很可能是客户已打算购买而先权衡自己的支付能力是不是能够承受，如果对方对销售人员介绍的某种商品根本不感兴趣，一般人是不会主动前来询问价格的。这时，销售人员应及时把握机会，理解客户发出的购买信号，马上询问客户需要多少数量，会使"买与不买"的问题在不知不觉中被一笔带过，直接进入具体的成交磋商阶段。销售人员利用这种巧妙的询问方式，使客户无论怎样回答都表明他已决定购买，接下来的事情就可以根据客户需要的数量，协商定价，达成交易。

如果销售人员以第一种方式回答提问，客户的反应很可能是"让我再考虑考虑"。如果以第二种方式回答对方问题，表明销售人员根本没有意识到购买信号的出现，客户的反应很可能是"不，我只是看看"。由此看来，这两种封闭式的答复都没有抓住时机，以致销售人员与一笔即将到手的生意失之交臂。

在生意场上，一位杰出的销售人员应当在推销活动中时刻注意观察客户，学会捕捉客户发出的各类购买信号，只要信号一出现，就要迅速转入敦促成交的环节。有些销售人员认为不把推销内容讲解完毕，不进行操作示范就不能使客户产生购买欲望，也做不成一桩买卖，这实在是一种错误的想法。

其实，客户对产品的具体要求不同，推销产品对其重要程度也有异，因而客户决定购买所需的时间也不同。销售人员只有时刻注意，认真细致，才不会失去机会。

客户只会通过一些购买信号来表达他想成交的信息。销售人员应密切注意和捕捉客户发出的各类信号，抓住稍纵即逝的时机，使自己的销售活动获得成功。

反客为主促成交易

在销售过程中，当客户问到某种产品，不巧正好没货时，要想争取到客户的订单，销售人员最好采用反客为主，即反问式的回答，以此来促成订单。

某公司销售人员在推销冰箱时，遇到一个客户表示需要冰箱，但是对冰箱的颜色提出了严格的要求。客户说："你们有银白色电冰箱吗？"此时，销售人员马上意识到自己所销售的冰箱中并没有这一款。但他没有直接回答，因为一旦他直接回答没有，客户就会说，没有就不买。

销售人员想了想，就反问客户说："抱歉，我们没有生产这种颜色的冰箱。不过，我们销售的冰箱有好多种可以供您挑选，有白色的、有棕色的、有粉红色的。在这几种颜色里，您比较喜欢哪一种呢？"

客户说："我想要银白色的。"

销售人员说："白色的、棕色的、粉红色的，都很不错。您选一种试试看，您就会发现它们真的很不错。"

客户说："我想要银白色的。选其他颜色有什么用呢？"

销售人员说："当然有用。不信您选选试一试。选一选，试一试，您就会体会到这些颜色的冰箱有不少是适合您的。"

客户没有再推托，跟着销售人员去挑选冰箱。在挑选冰箱的过程中，销售人员逐一向客户介绍了白色的冰箱、棕色的冰箱、粉红色的冰箱，并给客户讲了配合什么样的家具更显得色调合适。

在看冰箱的过程中，客户逐渐对白色冰箱产生了兴趣。销售人员趁机说服客户购买白色的冰箱，并向客户介绍冷暖色的一些简单知识，告诉他，对于冰箱来说，白色是非常合适的。因为白色是冷色，给人以清凉的感觉，使用这样的冰箱，往往容易给人一个好心情。客户听了后，觉得也挺有道理，便让销售人员帮他选择了一款白色冰箱。

就这样，销售人员以反问式的回答，促成客户签下了一单。

上述事例中，客户有相关需求，却没有他中意的款式和颜色。此时，要想争取客户的订单，销售人员很容易遭到拒绝。但是，该销售人员没有直接回答客户的问题，而是采用反问式的回答，慢慢引开了客户的注意力，最终引导客户购买了产品，把看起来不可能的订单给争取过来了。

同样地，销售人员小惠也遇到了类似的事情。

小惠是手机销售人员。在一次推销过程中，她遇到了一个客户问她有没有卖蓝色的诺基亚3310手机。在当时，这种手机在市场上已属于淘汰型号，出售这种手机的并不多。而小惠又是专门推销三星手机的。

小惠说："我是销售三星手机的。我这里有很多款式和颜色供您选择。您看看喜欢哪一种吧？"小惠说完，就把公司的宣传材料递给他看，然后逐一简单地给他介绍手机的型号和性能。谈了一会儿，那位客户就不再提蓝色的诺基亚3310手机了。

小惠意识到，这位客户要点名购买蓝色的诺基亚3310手机是因为对手机了解不多，看到周围有人使用这款手机就点名要购买这款。于是，小惠详细地给他介绍手机的发展形势，以及市场上有各种型号可供选择的现状。客户听完后，不再说什么，开始看价格表，似乎在捉摸购买哪一款手机合适自己。

趁此机会，小惠向她介绍了好几款手机的价格，并询问了客户准备买何种档次的手机。客户说出了自己的经济承受能力后，小惠便给他推荐了一款三星实用型手机，价格不贵，而且功能还要比蓝色诺基亚3310手机强一些。

客户看到小惠如此为他着想，便很高兴地跟她签单付款，购买了这款手机。

小惠推销手机的过程表明，在客户问到自己没有的那种型号的产品时，销售人员采用反问式回答促销是非常必要的。因为，在购买产品的过程中，消费者可能因信息不灵通，不知道该产品在市场上更新换代快，而点名要一款比较落后的款式，而这种款式刚好又没有。此时，销售人员如果说"没有"，那么就很有可能白白地丧失一笔订单。相反，销售人员采用反问式回答，说服客户购买新的、更为先进的款式，往往更容易争取到客户的订单，甚至可能给客户一个惊喜，使他自觉地成为销售人员忠实的客户。

　　对于销售人员来说，不管自己有没有客户需要的产品，都永远不要拒绝客户，永远不要对客户说"No"，因为客户有可能改变主意，从而购买你的产品。如果销售人员拒绝客户，对客户说"No"，那么就很有可能使这些"有可能"变成"不可能"。对于争取订单来说，这显然是不利的。因此，客户要求某种产品而没有时，销售人员不能拒绝客户，也不能怠慢客户，更不能不闻不问，而应该开启自己的智慧，想办法去争取客户"改变主意"，把订单给自己。而反问式回答是其中争取客户订单的一种非常好的办法。

　　一般而言，销售人员在利用这种成交技巧促成订单时，需要注意以下两点。

1. 态度要真诚

　　反问式回答成交法实际上否定客户的意见，让客户"改变主意"转而听从销售人员的意见。此时，销售人员必须要真诚，让客户感觉到要求他改变意见是真正为他着想，而不是为了否定他，不是为了向他推销产品。否则，顾客是上帝，销售人员否定了"上帝"，要想获得订单就不可能了。

2. 要尊重客户的意见，与之耐心交流

　　前面说过，这种成交法实际上要求客户"改变主意"，把不可能的成交便成可能。在要求客户"改变主意"时，销售人员一定要注意尊重客户的意见，与客户交流，耐心说服，不能强行要求客户。否则，不仅无法达到成交的目的，还有可能给销售人员及其公司带来负面影响。

　　反问式回答成交法是销售人员在无法满足客户要求的情况下，通过适当巧妙的反问，引导客户改变主意，最终促使客户下决心签单购买产品的一种技巧。在销售过程中，销售人员如果能够灵活运用，则可能争取到一些看起来不可能的订单。因此，要想获得更多订单，销售人员了解和掌握这一种技巧，是大有裨益的。

运用激将法促成交易

在销售过程中,销售人员往往容易遇到一些客户,虽然有产品需要,但是犹豫不决,拿不定主意,处于观望状态。面对这些客户,要想获得订单,促使他们下决心签单,销售人员也可以利用他们的好胜心、自尊心,采用激将法促使他们作出购买决定,迅速签单。

激将成交法是指销售人员采用一定的语言技巧刺激客户的自尊心,使客户在逆反心理的作用下完成交易行为的成交方法。在销售过程中,销售人员一旦成功使用了这种技巧,往往能够促使客户迅速下定决心签单。

一位保险销售人员在向其客户推销保险时,客户对保险产品的情况了解以后,却迟迟不愿意签单购买保险。

对此,销售人员说:"现在,很多负责任的先生都会给自己的妻子和儿女买保险。因为他们觉得关爱自己的妻子和儿女是自己最大的光荣和责任,为妻子和儿女买保险是对他们无限关爱的一种方式。尤其是人身安全保险,它不仅是一种投资,而且体现了一位丈夫对妻子的关爱和呵护,一位父亲对子女的无限挚爱。我遇到了很多先生为他们的妻子和儿女买保险时,都是毫不犹豫地签单。像您这样犹犹豫豫的,我见的比较少。"

客户听了以后,说:"还是等一段时间再说吧。"

销售人员说:"我想这不是您的真正理由。您是没有把做丈夫和做父亲的责任放到足够高的位置。您要关心他们,就要时刻期望他们平安,而为他们买平安保险是关心他们平安的重要体现。现在,您的妻子和儿女都没有投平安险,实在看不出您对他们的关爱。"

客户一向是一位优秀的丈夫、称职的爸爸,听了销售人员的话,便说:"那就买两份保险吧,反正为了他们也不在乎两份保险的钱。"

销售人员说:"那是,那是,那就请您代替您的妻子和儿女签下名字吧。"

就这样，该销售人员很快就获得了客户的签单。

在销售过程中，还有的客户对产品的各方面都基本满意，而且资金上也支付得起，就是不知什么原因，使他们总觉得往后是否会出什么问题而举棋不定，迟迟不肯作出签单的决定。面对这种客户，销售人员也可以采用激将法促使他们尽快下决心购买。

某销售人员在向客户推销产品时，客户对产品挑不出不满意的地方，在经济上也比较富裕，但在做决定是否签单时很犹豫。

为了促使这位客户迅速签单购买产品，销售人员巧妙地使用了激将法。

销售人员对客户说："先生，您的顾虑我很理解。在世界上，很多事情都是这样的。一个人对他越是感兴趣、越是喜欢的东西，就越是不敢勇敢地追求它，越是不敢积极地去争取拥有它。这是一种很可悲的心态。您说是不是？每一个人活在世上，都有他自己的信仰和人生目标。怎样才能实现自己的人生目标呢？只有凭借自己的坚定信念、不懈的努力、顽强的意志，才能最终实现这些。正因为它是人生中最伟大的事业，才会有如此多的有识之士为实现这一目标花费毕生的精力，甚至洒干身上的每一滴血。我们要问，他们的动力源自何处？他们的动力主要是来自于他们的信仰，他们心目中的崇高的人生目标，它可以激励着人们永不停息地追求。"

客户听了这些，觉得有一定的道理，就轻轻点了点头。

于是，销售人员就接着说："是啊，自己认为有价值、有意义的东西，怎能不去努力追求呢？但就是有这种人，我认为他们的生活实在是没多大意义，至少可以说他们是没勇气的。这种人遇到自己喜欢的东西却不努力去争取，遇到机会来临却没有勇气去抓住，使得一生都碌碌无为、平平庸庸，理想依旧是梦中的理想。我经常想，这些人为什么不果断一点呢？为什么不积极去争取和把握机会呢？我想，先生您一定不是这种人吧？"

客户听到这里，不自觉地说："当然。我当然不是这种人。"

销售人员说："您当然不是这种人。正因为如此，我们才如此欣赏您。

现在，如果您觉得这种产品还行的话，如果您对我们的产品和服务没有什么异议的话，就行动起来吧。在这里签下您的名字就行。"

说着，销售人员就把订单递到了客户面前。

客户被销售员一阵激将，再也不像以前那样犹豫了。因为客户不承认自己是那种不果断、遇到机会犹豫不决的人，而不果断签字就是在事实上承认自己是那一种人。这对于一个有尊严的男子汉来说，是无法接受的。客户想到自己确实对产品和服务没有什么异议，想到自己确实需要购买这种产品，便迅速与销售人员签下了订单。

在销售过程中，客户不愿意签单时，销售人员采用激将法以"逼迫"客户不得不立即签单，是促成订单的一种有效技巧，是高明的销售人员常用的手段之一。

在购买产品的过程中，客户往往容易产生较强的好胜心理。激将法就是针对他们的这种好胜心理对症下药，使得他们因好胜而不再过于理智。这样，客户为了满足自己的好胜心理，为了顾及自己的面子，往往不再计较此前特别看重的一些"成交细节"。

激将成交法是销售人员促成订单的一种技巧。在销售过程中，销售人员采用这种技巧促成订单，隐含着对客户的"逼迫"。因此，在学习和掌握这种促成订单的技巧时，销售人员还需要注意以下几个问题。

（1）要准确掌握客户的心理。在销售过程中，销售人员要采用激将法，首先要把握准确客户的心理。只有客户具有较强的自尊心、虚荣心和好胜心，才可能有效地激起客户的购买欲。否则，将很难起到激将的效果，甚至还有可能把一桩很有希望的生意逼进死胡同。一般而言，年纪轻的要比年纪大的容易激将，见识少的要比见识多的容易激将，越是讲究衣着打扮的、好争高比强的、地位较高、受人尊重的人越怕别人看不起，这样的人也容易被激将。在促成订单时，销售人员可以根据具体的客户对象，采用具体的激将法。

（2）不要伤害客户的自尊。在销售过程中，客户拥有成交的最后决定权。销售人员为了促成订单，可以采用激将法"逼迫"客户签单，但是必须以不伤害客户的自尊为前提。在销售过程中，如果销售人员伤害了客户的自尊，往往就容易导致客户不再愿意与销售人员交易，甚至还会因"自尊问题"惹出其他问题。因此，正确使用激将法应该是在不刺激对方自尊的基础上，切中对方的要害进行激将。例如，销售人员推销产品给客户时，用"你不想买"而不用"你是因为没钱，买不起"来激将客户，就把握得非常有分寸。

（3）要注意态度自然。激将法是人们比较了解、接触得比较多的常用计谋。因此，在使用激将法时也容易被对方看穿。在销售过程中，要用激将法促成订单时，销售人员一定要注意态度和表情自然。否则，就容易让客户看出来是在"激"他，从而产生逆反心理，最终导致无法成交。

在销售过程中，激将法是销售人员促成订单的常用技巧之一，也是巧妙"逼迫"客户成交的技巧之一。要想成功地运用此法，促使客户尽快签单，销售人员需要仔细揣摩，并在运用中熟练掌握其技巧和奥秘。

借助"第三者"影响顾客

为了刺激客户采取购买行动，有时候你说100句也顶不上你引用一次第三者对你商品的评价。

谈到你要出租的一块土地，你可能对你的客户说："前不久一个客户也来此地看过，他觉得非常满意，想在此地盖栋别墅，可惜后来，他因资金周转不灵而无法购买，我也为他感到遗憾。"

这种方法效果非常好，但是如果你是说谎又被识破的话，那可是非常难堪的，所以应该尽量引用事实来推销。

巧妙地引用他人的话，特别是买商品的第三者的话，向你的客户说出他人对你的商品评价，有时会收到意想不到的效果。

这一技巧的妙处在于，一般的客户对于销售人员的印象总是不那么好，对于推销这种售卖方式也持怀疑的态度。但是如果你非常成功地引用了第三者的评价来游说客户，那么客户一定会有一种安全感，他本人也会消除对你的戒心，相信你给他作的商品介绍，因此他便认为购买你的商品要放心得多了。

假如你为一家公司推销一种新式化妆品，而这家公司已经在电视上做过广告，那么你的推销一定应从广告（电视台也是一种第三者）开始。

如果你知道某位名人曾盛赞或使用了你正在推销的商品，那么你的推销会变得比原先容易得多，因为电影明星、体育明星等名人一定会比你更容易得到信赖，说服力也就当然比你强得多。

但这样的好事，未必就落在你所推销的商品上，那也不要紧，你如果能打听到你的客户的周围有一个值得信赖的人，曾经说过你的商品的好话，你就应该不失时机地加以应用。甚至你可以先向他推销你的商品，只要你很聪明，无论成与不成，你都能从他的口中获得对你的商品的赞美之辞，这会成为你在他的影响力范围内进行推销的通行证。

当然，假如你引用一个客户并不了解也不认识的人的话，也不一定就没有效果。只要这话的确有理，那么他仍然会觉得言之有理而加以考虑。如果你去推销圆珠笔，你可以对客户说："我的一个朋友每半年总要买上七八支圆珠笔，在他经常工作的地方，每处放上一两支，他说这样很方便，因为那样就不会出现急需要用时还得到处去找笔的情况了。随手拿来就用当然再方便不过，而且七八支笔使用平均，半年都不用换新的，所以比一次买一支要划算得多。"

你的客户听了这段话一定会觉得言之有理，他便很可能从此改变他的购买方式，一下子从你这里买去许多支圆珠笔，从而使你的推销额成倍地增加。

当你敲开一家客户的大门时，你应该对出来开门的女主人说："这就是电视里天天出现的那种最新样式的化妆品，您一看就会认出来的。"然后你立刻将样品递过去，她便不会怀疑你了。

如果你认为她并不是一个喜欢标新立异的人，你就可以接着告诉她："我刚才已经推销了几十瓶，大家都是看了电视里的广告介绍才购买的，而且它也的确不错。"这样，她购买的可能性就更大了，因为你一直都在"请"电视和其他的购买者来为你说话，她"自然"不会产生什么怀疑，相反会感到安全而乐于购买你的商品。

某些人对新产品特别有兴趣，一旦新产品问世，会赶快抢先买来，显示给朋友或家人看，一副得意的样子。有些人正好相反，做起事来极度保守，对于新企划和新产品都不大欣赏，致使他的上司与同事都感到很迷惑。

购买商品时，客户若说："新产品不知道怎么样？"就表示他有意思买下，可是又担心新产品的性能、质量、流行性、是否合乎自己的身份。如果是代表公司来购货，说："我曾经吃过苦头，不敢领教。"一定是从前曾因采购新产品而吃过亏，表示他的确是吃过苦头。此时，你应该先听听他的原委，知悉其来龙去脉后，再进一步商讨改进的方法，从而让他服下"定心丸"。

另外，还可利用第三者的评论来佐证商品的质量和服务，以此反驳对方的反对意见。

"经理先生，请您看看这里，这一部分使用的材料是具有特高硬度的合金，所承担的压力相当于旧产品采用金属的三倍。这儿有一份超硬合金的分析表（资料法）。前三天某一家精密仪器公司，也买了同样的产品，他们反映说性能特佳、生产力极高，大家都很高兴。这里还有一份工业周刊的记载，请您参考一下，正如它所推荐的一样发挥了高度的功效，在市面上大家都说是划时代的产品（市场评价）。某工业公司的洪博士很称赞这种新式机器（权威专家的赞誉）。"

如此，顾客就会对你的商品兴趣大增。

收回承诺的策略

人性有一个弱点，就是得不到的都觉得是最好的，很容易得到的却不怎么懂得珍惜。在推销上，卓越的销售人员就很善于利用人性的这个弱点来做文章，比如收回承诺策略利用的就是人性的弱点。

收回承诺是指原本答应了客户以某个价格出售产品，但是过了一会就反悔，然后把价格提升上去的行为。使用收回承诺来和客户打交道的技巧，就是"收回承诺策略"。

高明的销售人员都懂得收回承诺的策略，这种策略往往可以使用在对价格非常敏感的客户身上。有些客户对砍价的行为一再地坚持，他所表现出来的坚决，连销售人员都会甘拜下风。然而，收回承诺策略能使客户最后不但接受销售人员涨价之后的价格，而且还感觉自己占了便宜。

推销人员杰克逊向一个客户推销一批小商品。刚开始时，他给客户的报价是每个 3.60 元，客户讨价还价为 3.50 元。这样反反复复地谈了很长时间，最后杰克逊表示："3.55 元，不能再低了。"

然而客户却想：从 3.60 元降到 3.55 元，要是我继续坚持，压到 3.52 元应该没问题。于是，他就对杰克逊说："不用说你也知道，现在市场竞争这么激烈，和你同类型的商品到处都是，你们的生意也不容易做，我也不能贪得无厌。这样吧，每个 3.52 元，你让一步我也让一步，咱们俩就别再消磨时间了。有这时间和功夫你都可以再去做成好几家生意了。怎么样？我可是真心实意的，就看你的诚意了。"

杰克逊心里想：我要是答应了他的这个报价，很有可能又会引来下一轮的讨价还价，谁敢保证他不是在试探我呢？

毕竟杰克逊经历过的交易非常多了，所以他并没有立刻答应客户的报价，而是对客户说："你的这个报价，我现在不能马上答应你，得去问一问我们经理，和他商量一下，才能决定。"说完他就走进了后面的经理办公室。

很快，杰克逊就回来了，脸上露出了一副很为难的表情，说："非常对不起，刚才我犯了一个错误，经理告诉我，这种商品因为采用了最新工艺，所以成本要比其他同类型的商品高，我刚才说的 3.55 元那是采用新工艺之前的价格，如今的单价最低也要 3.65 元了。实在很抱歉，你看由于我的疏忽，犯了这么大的过错。"

"你说什么呢？你也别道歉了，浪费了我这么长时间，你必须给我个交代呀。我不懂什么新工艺、旧工艺，总之就按你刚才说的价钱，每个 3.60 元，我也不跟你多说了，以后咱们合作的机会还多着呢。这样吧，一手交钱，一手交货。"客户脸上挂满了不悦。

考虑了一会儿，杰克逊才假装很犯难地答应了客户的要求。客户则自以为跟杰克逊打了一场漂亮的"攻坚战"。于是，客户交了货款提了货之后，杰克逊便不动声色地离开了。

其实，事实的真相是，这批小商品采用了新工艺没错，但这指的是商品的生产成本降低了，商品的合格率提高了，跟商品的性能没有多大的关系，跟商品的价格更没有任何关系。

在这次交易中，销售人员杰克逊采用的就是收回承诺策略。杰克逊的"收回承诺"，致使客户以为自己是这场交易中的赢家。事实上，杰克逊才是这场交易的最后胜利者。

实际上，在交易中不让客户感觉他吃了亏，反而让客户感觉自己占了便宜，这才是一名推销高手的杰出表现。而收回承诺策略，则能让你很好地收到如此效果。

收回承诺策略的目的就是造成客户的一种紧迫感，觉得应该快点把东西购买下来，否则就会吃亏。在销售中，推销高手会经常用到一些本质上属于收回承诺策略的推销手法，如"故意冷淡"和"虚张声势"等。

1. 故意冷淡

有时候，对待某一类顾客，你不能对他们表现出热情，反而要对他们不理不睬，这样，他们反而会重视你，对你感到好奇和兴趣，进而对你的产品感兴趣，最后购买你的东西。

"故意冷淡"，本质上还属于收回承诺策略。因为当你用漠视去面对某些顾客时，这些顾客会以为你手上的东西很有价值，所以才敢不重视他们，于是他们就会对你和你的产品感到好奇并产生兴趣，购买了你的东西后，还觉得自己占了便宜。

这一类顾客，往往是恃才而傲，自以为无所不知、无所不晓、无所不能的人。在这种人看来，根本不用销售人员推荐就可以买到最好的商品，因而他们觉得根本没必要与销售人员打交道，他们还一直认为销售人员是一种多余的角色。

对待这种类型的顾客，当你和他们交谈时，你可以表现出一种客气的态度，在这种客气之中，你要包含一种对成交是否成功漠不关心的神情，就好像你根本不在意这件事一样，故意形成"卖方市场"的情形。

于是乎，这类顾客心里就会非常想知道你为什么会胆敢那么漠视他们。要知道，他们这种人总认为自己是一个非常了不起的人物，无论去到哪里都应当受到别人的尊重和关注。现在你居然对他们态度冷淡，他们自然会感觉恼怒，然后十分想去了解你对他们冷漠的原因，进而对你和你的产品产生好奇和兴趣，最终也会购买你的商品。

在推销过程中，当你遇到这种类型的顾客时，你可以用类似于这样的语气和他们交流："尊敬的先生，您大概不知道，我们的产品并不是随随便便地对任何人都进行推销的，否则会影响我们公司的声誉。"

当他们感到很讶异时，你可以接着这样说："我们公司只对特殊的顾客服务，对顾客和服务项目都要经过严格的核查和选择。"

你可以继续这样说："在选择推销对象上，首先我们要求顾客必须符合一定的条件。话又说回来，能符合这种条件的顾客不是很多，而您恰恰是这些为数不多的顾客中的一位。"

让顾客消化一下你的话后，你可以稍微对他们谈及一点生意上的事情，"如果您想了解我们对顾客的服务事项，我们可以提供一些资料给您。"

但要记住的是，即使顾客同意了你的意见，并表示出了想购买的意愿，你仍应装出一种满不在乎的态度，要让顾客觉得做成这笔交易，对他更有好处，他不买你的东西是他的损失而不是你的损失。

2. 虚张声势

"虚张声势"是推销高手们常用的屡试不爽的收回承诺策略之一。虚张声势的目的，是要让顾客产生一种立即购买的欲望。

作为一名销售人员，你要在你的推销过程中，恰当地给客户造成一点悬念，让其有一些紧迫感，从而产生现在购买是最佳时机的感觉，进而要求与你立即成交，否则他们会认为自己将会错过很好的机会。

如何来运用"虚张声势"的技巧呢？例如，类似于这样的话都是推销高手们常用的。

"这种商品的原材料已经准备提高价格了，所以这种商品很快也将会因此而价格上涨。"

"我公司从下个季度开始，可能会因人手不够而减少这种商品的供应量。"

"虚张声势"这种方法能极为有效地刺激顾客的心理需求，极大地调动顾客的购买欲，增加在推销过程中对你的帮助。因此，你一定要掌握好它，并在销售实践中熟练地运用它。

暗示的力量

一个不懂得如何用暗示激发客户购买欲望的销售人员不是一个高明的销售人员。

销售中巧用暗示，可以巧妙地避免被客户直接拒绝，是销售进程中连攻带防的最佳策略。它既可以保持与客户建立的良好关系，又可以加快销售的进程。以心理暗示影响客户的观念，改变认识，增强购买信心，加速成交进程。

销售的状况千变万化，可能你的一些预先计划会被打乱，但是，比起这些计划，如何培养自己在销售过程当中从容应对变化显得更加重要。因为随着销售的深入和客户介绍的深入，我们会发现原来不同的客户需求有很大的不确定性，但不管事物的表面如何千变万化，内部的原理其实是一样的。所以，在培养自己销售应变能力的同时，也不要忽略了自己在统筹计划方面的能力，应变能力的提高与否很大程度上是建立在统筹规划提高的基础之上的。而学会"暗示心理学"就是提高在实际销售过程中如何应变的一项重要技能！

销售人员在开始销售时，就要做好充分的准备，有意识地给顾客肯定的暗示，使他们从一开始就走进你的"圈套"。例如：

"我们公司目前正在进行一项新的投资计划，如果您现在进行一笔小小的投资，几年之后，您的那笔资金足够供您的孩子上大学。到那时，您再也不必为孩子的学费发愁了。现在上大学都需要那么高的费用，再过几年，更是不可想象，您说，那会怎么样呢？"

当然，你给他们如上的各种暗示之后，必须也给他们一定的时间去考虑，不可急于求成。要让你的种种暗示，渗透到他们心中，使他们潜意识接受你的暗示。

销售员要擅长于把握住进攻的机会。如果你认为已经到了深知顾客是否购买的最佳时间，你可以立刻对他们说："每个父母，都希望自己的孩子接受高等教育。'望子成龙''望女成凤'，这是人之常情。不过您是否已经考虑到，怎样才能避免将来背负这种沉重的经济负担。如果对我们公司现在进行投资，则完全可以解决你们的忧虑，对这种方式，您认为如何？"

当买卖深入到实质性阶段时，他们有可能对你的暗示加以考虑，但不会十分仔细，一旦你再对他们的购买意愿进行试探，他们会再度考虑你的暗示，坚定自己的购买意图。

顾客进行讨价还价，会使洽谈的时间延长。这时，销售人员必须耐心地、热情地和他们进行商谈，不断强化那是他们自己的意图，直到买卖成交。

销售人员如果能适当地加以运用，可使最固执的顾客也听从你的指示，交易甚至可能会出乎预料的顺利，那些固执的顾客在不知不觉间就点头答应并签字成交。

曾经有一位销售经理运用"暗示"销售法成功地使一位顾客高兴地买下了该公司销售的一台冰箱。当他看到销售人员和一位顾客在说话时，便走过去说："这台冰箱倒是很好，不是吗？"

"我看并不见得好。"那位妇女摇摇头回答。

"怎么，您认为这台冰箱不好，是吗？这冰箱的式样和性能是由全国一流的工程师联合研制成功的，不管从外观、容量和结构，还是从性能和效果方面来看，都是很好的，可是您认为这冰箱有哪些地方不协调呢？"

"这几点倒还可以，只是不应该把那个圆圆的东西装在顶上，那有多难看啊。"

"也许您说的有道理，同时，我的理解是，正是顶上那个圆盖子，才是我们这种冰箱的最大特色。现在市面上使用的那种冰箱，其马达都是安装在冰箱里的，很不方便。我们这种冰箱却可以将马达安装在圆顶上，很是方便。我想您是个大忙人，您当然想这台冰箱可以为您减少一些麻烦，节省一些时间，是吗？"

"说不定您买回去，邻家的太太见了一定羡慕不已，说您买了一台好冰箱呢。"

"如果您买一台普通的冰箱回去，邻居见了，也不觉得怎么新奇，也许看一下就忘掉了，不是吗？"

然后，这位销售经理又安排员工把冰箱搬出来。"太太，这台冰箱您是想把它放在家里的哪个位置呢？"

"太太，冰箱是您自己带回去，还是由我们给您送回去？我们免费送货，免费安装。这是送货单，请把地址和电话写好，我们下午送货。"就这样，那位太太在销售经理的暗示下签了字。

所以说，暗示是一种有效的销售手段。只要在交易一开始时，利用这种方式，提供一些暗示，顾客的心理就会变得更加积极，进而很热心地与你进行商谈，直到成交为止。

心理暗示是购买心理应用的核心环节。这虽然只是一个小小的技巧，但却能让顾客对你留下深刻的印象。这种方法非常简单，且有惊人的效果。可以这么说，一个不懂得如何用心理暗示激发客户购买欲望的销售人员不是一个高明的销售人员。

避重就轻，促使客户成交

在销售过程中，销售人员促成客户签单有一种技巧叫作避重就轻成交法，也叫作小点成交法。

避重就轻成交法就是围绕主要焦点，在周边问题上与客户取得一致的意见，或者在核心交易的谈判陷入僵局时，在次要的交易上与顾客达成协议，达到循序渐进地影响和引导客户最终完成交易的目的。一般而言，在销售过程中遇到了阻力或者困难时，销售人员采用这种方法可以逐步突破阻力或者困难，促使客户下定决心签单。

某办公用品销售人员到某公司的办公室去推销碎纸机。

该办公室主任在听完产品介绍后，摆弄着样机，自言自语地说："东西倒是挺合适，只是办公室这些年轻人毛手毛脚的，只怕没用两天就坏了。"

销售人员一听，马上接着说："这样好了，明天我把货运来的时候，顺便把碎纸机的使用方法和注意事项给大家讲讲。这是我的名片。如果在使用过程中出现故障，请随时与我联系，我们负责维修。主任，如果没有其他问题，我们就这么定了？"

办公室主任听了这话，觉得有道理，便与销售人员签订了订单，让销售人员尽快把产品送到公司来。

在该事例中，销售人员巧妙地使用了避重就轻的交易技巧。本来客户方最担心的是购买该产品后"这些年轻人毛手毛脚的，只怕没用两天就坏了"，销售人员却巧妙地回避了这一点，把话题的重点转移到了"把碎纸机的使用方法和注意事项给大家讲讲——如果使用中出现故障，请随时与我联系，我们负责维修"。就这样，销售人员不知不觉地消除了客户的顾虑，促使客户下决心购买了产品。

在销售过程中，一些有促成订单经验的销售人员，在核心交易额太大或者买卖双方意见分歧较大时，往往就从配件、小批量交易或者交易的较次要因素，如款式、付款方式、维修等方面与客户达成一致。一旦客户与销售人员达成了一致意见，就往往容易作出签单购买的决定。

在促成订单的诸多技巧中，避重就轻成交法是一种有效地突破销售障，排除销售过程中一切不利因素，最终获得订单的技巧。在销售过程中，遇到许多销售"死结"时，只要巧妙地使用这种技巧，就可以出现柳暗花明的局面。

当然，对于销售人员来说，要想运用好此技巧促成订单，还需要了解避重就轻成交法的适用情境。

一般而言，在以下几种情境中比较适合采用避重就轻成交法促成订单。

（1）当交易的数量或者数额较大的时候。在销售过程中，交易数额越大，客户越容易形成交易心理障碍。此时，销售人员采用此种技巧，往往可以帮助客户减轻心理压力，促使他们下决心签单成交。

（2）当买卖双方的意见分歧较大或者在对主要交易要素存在不同的看法的时候，销售人员采用此技巧，可以避免出现争论，为成交创造良好的氛围。

（3）当交易过程复杂的时候，比如，涉及的人员和部门较多，或者交易的时间长，可以先从小的方面达成一致，然后再争取达成大的协议。面对这样的交易，销售人员不要企图一步到位，而是需要一点一点地向成交靠拢。在这样的情境下，销售人员采取避重就轻成交法促成订单，往往能够使复杂的交易过程逐渐变得简单化。

（4）当客户无法立即就所有的交易要素作出决定的时候，销售人员采取避重就轻法，往往能够促使客户下决心签单购买。

（5）当大宗或者核心交易完成的希望渺茫的时候，销售人员采用此法，不至于使交易完全落空，至少可以获得一小笔订单。

（6）当交易的要素很多的时候，如大型设备、大宗货物，对货品、型号、款式、价格、批量、交货、付款、售后服务、技术支持、配件和动力、维修等各个交易要素均要达成一致，往往比较困难，此时采用避重就轻成交法，逐步做好基础工作和必要的铺垫，往往能使签单水到渠成。

当然，销售人员要想利用避重就轻法促成订单时，还需要注意一些问题，只有这样，才能收到较好的效果。

（1）不能忘记根本目的是最终达成交易。

（2）避重就轻成交法也是一种心理学方法，销售人员要研究客户的心理。

（3）避重就轻法本身可以作为一种取巧性策略，即"无形中牵着客户的鼻子走"，但要注意避免弄巧成拙，把客户看成傻瓜是非常愚昧的。

（4）要做良好的设计，包括回答下面的一些问题：如何围绕主题来设计成交，如何避重就轻，该"避"哪些，该"就"哪些，等等。

（5）不要"东扯南山西扯海"。销售人员避重就轻，但是"就轻"的"轻"也应该是客户关心的、有关交易的要素，漫无边际地瞎扯很容易招致客户反感。

（6）注意在交易过程中对客户施加影响和积极引导。

（7）避重就轻成交法是一种突破障碍，先达成一系列的小交易，然后再实现达成大交易的方法。因此，在此过程中可能会遇到交流、信息反馈、异议处理等问题，销售人员要妥善处理这些问题。

总之，在销售过程中，避重就轻成交法是销售人员遇到成交障碍时，暂时绕过障碍，达成其他的一些较小的交易，最终克服障碍，达成大交易的技巧。销售人员要想促成订单，使用好此技巧，往往就能够突破障碍，获得订单，至少是一部分小订单。

因此，在销售过程中，销售人员应对这一技巧加以深刻领会，并熟练掌握和运用，以期为自己争取到更多的订单。

适当妥协，创造双赢

在生活中，有句话叫作"退一步海阔天空"。其实，在销售过程中，销售人员在关键的时候"艰难"地退一步，答应客户提出的条件，同时也要求客户退一步，就往往能够使"濒临死亡"的交易起死回生。因为销售毕竟是一场交易，而不是一场决定胜负的比赛。销售人员先退一步，让客户感受到赢，感受到销售人员的诚意，然后销售人员再要求客户"退一点"表示成交的诚意，往往能够使一场决定输赢的较量变成双赢。

退一步成交法是指在与客户谈判时，遇到了成交障碍，销售人员不得不降价时，己方先作一小步退让，同时将合作的其他条件作相应的调整，并立即进行确认。这样，销售人员首先以让步表现出了成交的诚意，客户方只要有诚意也可能会答应销售人员作了相应调整的销售条件。因为，此时交易不成，客户方将会背上"理亏"的心理负担。大部分情况下，客户会迅速与销售人员签单的。

一位销售人员在向某经销商推销该公司的新一代产品时，由于该经销商是公司的老客户，对其产品性能都比较了解，就没有提别的要求，仅仅要求销售人员将新一代的产品按照原来产品的价格卖给他。

对于这一点，销售人员感到很为难，因为毕竟是新一代产品，科技含量要高一些，按照原来产品的价格批发给他，公司的利润显然要下降很多。对此，销售人员不敢盲目答应经销商的要求，就发信息咨询了公司的主管经理。

主管经理表示："量大的话可以考虑，量太小了就不能答应。"

销售人员得到主管的回复后，就对经销商说："您也知道，我们的产品刚更新换代，科技成分较高，成本要高一些，价格当然应该高一点。您现在要求按照原来的价格进货，确实让我们感觉到非常为难。"

经销商说:"现在市场不景气,东西都不好卖。我们是老合作关系,所以我才敢放心进你们公司的货。如果新产品要提高价格,那让我们怎么卖呢?这样吧,我也给你透一个底,要么按照原价,我们进一点货,要么暂时不进货,等市场好转了以后再说。"

销售人员说:"我们之间的合作也不是第一次。我们开发的新产品按照报价批发给您就是已经够低的了。这样吧,看在我们是长期合作关系的份上,我们各自都让一步,好不好?我亏本将新产品按原来的价格卖给您,您呢,一次多进一点货,将原来的 200 吨货物加到 300 吨。"

客户听了后说:"现在市场不景气,我们进 200 吨货就已经够多了,进 300 吨……"

销售人员说:"是啊,现在市场不景气,我们产品的利润已经非常低了。现在,新产品按照原来产品的价格批发给您,几乎是赔本的买卖,而您多进一点货虽然风险大一点,但是进货的价格低,利润空间大啊。这一个优惠条件是我努力向上司争取来的。在我们公司您是第一个享受这种优惠的人。"

经销商衡量了一下利弊,觉得销售人员退让了一步,自己退让一步也不会有太大的风险。虽然进货过多,但是新一代产品的零售价肯定比原来的要高一点,这样利润空间也就变大了很多。

于是,客户还是决定与销售人员签单了。

很显然,这份合同是双赢的合同,对于销售人员及其公司来说,价格虽然降低,但是销售量提上去了,能够达到"薄利多销"的效果。而对于客户方的经销商来说,用原来产品的价格进新一代产品的货,利润空间显然变大了,收益自然也相当可观。

在销售过程中,销售人员和客户很容易在某些方面产生分歧。有时,为了各自的利益甚至互不相让,致使销售进入"对立的局面"。此时,销售人员首先要考虑尽量在不降价的情况下说服客户签单,如果无法达到目的,那么就可以采取主动退让一步,然后对成交要求作出进一步修改,要求客户"也让一步",以此缓解"对立的局面",促使客户下决心签下订单。

在销售过程中,许多客户不断地为自己争取更多的利益,这并不一定是他们要想得到什么而驱使他们这样做的,而是他们内心"不愿意吃亏"的思想驱使他们这样干的。在交易双方为成交的一些条件争论得难分难解时,他们如果有真实的购买需求,也希望能够在不吃亏的情况下妥善解决争议,因为毕竟拖下去也要消耗他们的购买成本。

此时,销售人员不妨先退一步,让客户感觉"他赢了",然后对成交条件作相应的调整,变相地要求客户也"退一步",往往能达到求同存异、促成订单的目的。

在销售过程中,退一步成交法是有效解决成交障碍,使交易起死回生的常用技巧之一。在使用这种技巧促成订单时,还是需要注意以下几个方面的问题,能更有利于成交。

(1)别轻易让步。在销售过程中,销售人员要想争取到客户的满意,在谈判时不能轻易地让步。销售人员一旦轻易让步,就会让客户觉得有争取更多优惠的空间,并不断地提出新要求。

(2)要求客户让步的部分应该略比销售人员让步的那部分小。在销售过程中,销售人员采用退一步成交法实际上是自己"先退一步",掌握主动权,再要求客户"退一步"的做法。此时,销售人员要求客户"让步的那一部分"非常重要,往往决定着交易能否达成。如果销售人员要求客户"让步的那一部分"过大或者触及了他们的核心利益,那么往往容易遭到客户的拒绝,从而把交易逼进死胡同;相反,如果要求客户"让步的那一部分"过小,那么相应地,销售人员及其公司的利益损失就会变大。因此,要求客户让步的部分应该略比销售人员让步的那部分小,这样,既可以促成订单,又不至于为自己或公司造成太大的损失。

(3)让步是痛苦的。对于销售人员来说,在关键时刻让一步,虽然能够带来较大的利益,但是在客户面前还是要表现出"让步是非常痛苦的""让步是迫不得已的"。只有这样,销售人员要求客户"也让一步"的要求才有可能实现,才有可能达到促成订单的目的。否则,盲目的让步不仅无法促成订单，而且还会导致自身的利益受损。

（5）让步时态度要诚恳。销售人员让步的主要目的是向客户直接表明自己对成交的一片诚意，希望客户也能以让步的行为来表明自己的诚意。而客户此时是被动的，如果他们此时能以让步的行为来表明诚意，那么签单就是水到渠成的事情；相反，如果他们没有以让步的行为来表明他们的诚意，那么他们将肩负成交失败的道义责任。一般来说，只要成交对他们是有利的，他们是不愿意背负这种道义上的责任的。

总而言之，"退一步海阔天空"，销售人员恰当地使用让步技巧，积极争取主动，向客户表达成交的诚意，基本不损害自身利益，却可能使濒临困境的促销洽谈"转危为安"，何乐而不为呢？

成交后尽量避免客户反悔

一些销售人员常常会碰到这样的事情，推销工作进行得很圆满，眼看一份订单就要到手了，这时客户却突然反悔了，于是销售人员的大量心血就付之东流了。

有位保洁公司的销售人员刘先生，当一栋新盖的大厦完成时，马上跑去见该大厦的经理或业务主任，想承揽所有的清洁工作：各个房间地板的清扫，玻璃窗的清洁，公共设施、大厅、走廊、厕所等所有的清理工作。当刘先生承揽到生意，办好手续，从侧门兴奋地走出来时，一不小心，把消防用的水桶给踢翻了，水泼了一地，有位事务员赶紧拿着拖把将地板上的水拖干。这一幕正巧被经理看到，心里很不舒服，就打通电话，将这次合同取消，他的理由是"像你这种年纪的人，还会做出这么不小心的事，将来实际担任本大厦清扫工作的人员，更不知会做出什么样的事来，既然你们无法让人放心，那么我认为还是解约比较好。"

销售人员不要因为生意谈成，高兴得昏了头，而做出"把水桶踢翻了"

之类的事，使得谈成的生意又变泡影，"煮熟的鸭子"又飞了。

这种失败的例子，也可能发生在保险业的销售人员身上。比如，当保险销售人员向一位妇人推销她丈夫的养老保险，只要说话稍不留神，就会使成功愉快的交易变成怒目相视的拒绝。

销售人员："现在你跟我们订了契约，相信你心里也比较安心了吧？"

客户："什么？你这句话是什么意思，你好像以为我是在等我丈夫的死期，好拿你们的保险金似的，你这句话太不礼貌了。"

于是洽谈决裂，生意也做不成了。

所以当生意快要谈拢或成交时，千万要小心应付。所谓小心应付，并不是过分逼迫人家，只是在双方谈好生意，客户心里放松时，销售人员最好少说几句话，以免搅乱客户的情绪。此刻最好慢慢地收拾摊在桌上的文件，不必再多花时间与客户闲聊，因为与客户聊天时，有时也会使客户改变心意，如果客户说："嗯，刚才我是同意了，现在我想再考虑一下。"那你所花费的时间和精力，就白费了。

成交之后，推销工作仍要继续进行。

专业销售人员的工作始于他们听到异议或"不"之后，但他真正的工作则开始于他们听到"可以"之后。

永远也不要让客户感到专业销售人员只是为了佣金而工作。不要让客户感到专业销售人员一旦达到了自己的目的，就突然对客户失去了兴趣，转头忙其他的事去了。如果这样，客户就会有失落感，那么他很可能会取消刚才的购买决定。

对有经验的客户来说，他会对一件产品发生兴趣，但他们往往不是当时就买。专业销售人员的任务就是要创造一种需求或渴望，让客户参与进来，让他感到兴奋，在客户情绪到达最高点时，与他成交。但当客户的情绪低落下来时，当他重新冷静后，他往往会产生后悔之意。

作为一名真正的专业销售人员，要懂得巩固推销成果，不要让"煮熟的鸭子再飞走"。为此，销售人员可以运用如下方法。

1. 向客户道谢

说声谢谢不需要花费什么，但却含义深刻，给客户留下深刻的印象。大多数销售人员不知道在道别后如何感谢客户，这就是他们常常受到客户退货和得不到更多客户的原因。当销售人员向客户表示真诚感谢时，他会对你非常热情，会想方设法给你回报，并对你表示感谢。

2. 向客户表示祝贺

客户已经同意购买了，但在很多情况下，他们还是有点不放心，有些不安，甚至有一点后悔。这是一个非常重要的时刻，对销售人员来说，沉着应对非常重要。客户在等待，看接下来会发生什么情况，他在观察销售人员，看他是否兴高采烈，看自己的决定是否正确，看销售人员是否会拿了钱就走人。

现在，客户比以往任何时候都需要友好、温暖、真诚的抚慰，销售人员在这方面尤其应该注意。

成交之后，专业销售人员应该立刻与客户握手，向他表示祝贺。记住，行动胜于言辞，握手是客户确认成交的表示。一旦客户握住了你的手，他想要再改变主意或退缩就不体面了。从心理上讲，当客户握住你的手，那就表示他不愿反悔了。

3. 与客户签订合同

专业销售人员应该是合同专家，应能够在几分钟之内，完成一份合同。

如果销售人员在填写合同时，默不作声，把精力全都集中在合同上，这会引起顾客的胡思乱想，他也许会对自己说："我为什么要签这份合同呢？"接着，所有的疑虑和恐惧又重新涌上心头。当出现这种情况的时候，这笔买卖估计是没什么希望了。

专业销售人员应该在填写合同时，仍然要求客户来确认这些内容。一边写，一边与客户交谈，谈话内容应当与产品无关。可以谈论客户的工作、家庭或者小孩，这些话题可以把客户的思绪从合同中解脱出来，目的是让这一段时光平稳地度过，让客户对他的决定感到满意。

4. 让客户签字

为了避免可能发生的退货现象，销售人员应尽一切可能防止客户后悔。合同填写签字完毕，这笔生意才算敲定了。

5. 尽快向客户提供产品

让客户尽早拿到货物，越早越好，不管为客户提供的是一项服务，或者是为客户送货，都应尽早做完。客户一旦拥有了这件产品，尝到了产品的甜头，看到了它的功用，就不会后悔了。

6. 给客户寄张卡片或便条

很多客户在付款时，都会产生后悔之意。不管是一次付清，还是分期付款，总要犹豫一阵才肯掏钱。一个好办法就是，寄给客户一张便条、一封信或一张卡片，再次称赞和感谢他们。

为了不让自己的工作白费，销售人员应当尽一切努力防止客户反悔，如果让"煮熟的鸭子飞走了"，那就说明自己的工作还是做得不到位。

Chapter 09
聪明人如何回收货款

作为销售员,把产品销出去并非就完成了任务,还应该把货款收回来。严格说,货款没有回收之前的销售并不能成为真正的销售。只有货款及时回收,公司资金周转才能加快,效益才能变好,你的销售提成也才能拿到,可见货款及时回收意义重大。回收货款是销售员的一项义不容辞的职责和重要任务。

精明收款十大技巧

当前,由于商业信用普遍不高,企业的风险很多是由销货后客户不能及时回款造成的,货款无归已成为困扰企业正常经营的"老大难"问题。销售员在账款回收的过程中会遇到这样或那样的情况。这里提出 10 条"收款"的技巧供销售新手们参考使用。

1. 要有防人之心

对新客户或没有把握的老客户,无论是代销或赊销,交易的金额都不宜过大。宁可自己多跑几趟路,多结几次账,多磨几次嘴皮,也不能图方便省事,把大批货物交给对方代销或赊销。须知欠款越多越难收回,这一点非常重要。

有些新客户,一开口就要大量进货,并且不问质量,不问价格,不提任何附加条件，对卖方提出的所有要求都满口应承，这样的客户风险最大，可能还怀有欺诈目的。作为销售新手的你，遇到这样的人，一定要小心，多和领导商量，以防栽跟头。

2. 要有坚定信念

一些销售员，特别是销售新人，在催款中会表现出某种程度的怯弱。

一个人在催收货款时，若能信心满怀，遇事有主见，往往能出奇制胜，把本来已经没有希望的欠款追回；反之，则会被对方牵着鼻子走，本来能够收回的货款也有可能收不回来。因此，这里一个很重要的问题是必须要有坚定的信念。

还有的销售员认为催收太紧会使对方不愉快，影响以后的交易。如果这样认为，你不但永远收不到货款，而且也保不住以后的交易。客户欠货款越多，支付越困难，越容易转向他方（第三方）购买，你就越不能稳住这个客户，所以加紧催收才是上策。

3. 写清交易条件

为预防客户拖欠货款，在交易当时就要规定清楚交易条件，尤其是对收款日期作没有任何弹性的规定。例如，有的代销合同或收据上写着"售完后付款"，只要客户还有一件货物没有卖完，他就可以名正言顺地不付货款；还有的合同或收据上写着"10月以后付款"，这样的规定今后也容易有不回款的麻烦。

另外，交易条件不能由双方口头约定，必须使用书面形式（合同、契约、收据等），并加盖客户单位的合同专用章。有些客户在合同或收据上仅盖上经手人的私章，几个月或半年之后再去结账时，对方有可能说，这个人早就走了，他签的合同不能代表我们单位；有的甚至说我们单位根本没有这个人。如果加盖的是单位的合同专用章，无论经手人在或不在，对方都无法推脱或抵赖。

4. 防止倒债

交易达成之后，销售人员要经常观察客户的经营状况，及时察觉其异动，防止因客户破产、倒闭而可能给公司带来的损失。防止倒债，把风险降到最低点，这是每个企业都非常关心的大事。一个公司在倒闭前，一般事先会有一些征兆出现。

（1）付款途径和方式变化，比如原来是通过工商银行结款，突然变成农业银行结款；小额付款比较干脆，大额付款拖延，这些都是不正常现象。

（2）采购渠道变化。客户突然中止原有的进货渠道，另寻新家，或突然转向我们公司进货，或毫无正常理由，突然大幅度增加订货量，或进货额突然减少。

（3）营业状况的变化。诉讼增多，处理并不滞销的库存商品，胡乱倾销，大幅降价抛售商品。客户单位的员工辞职者突然增多，老板插手毫不相干的事业或整天沉溺于声色之中。还有些外部环境的变化也要及时察觉，例如，客户附近的房子上用红漆写下了"拆迁"字样，说明客户商店近期内就要关门拆迁。如果发现这些情况，要立刻结账，防止客户不知去向。

5. 事前就提醒

对于支付货款不干脆的客户，如果只是在合同规定的收款日期前往，一般情况下收不到货款，必须在事前就催收。

事前上门催收时要确认对方所欠金额，并告诉他下次收款日一定准时前来，请他事先准备好这些款项。这样做，一定比收款日当天来催讨要有效得多。

如果客户太多，距离又远，可事先通过电话催收，确认对方所欠金额，并告知收款日前来的准确时间。或者把催款单邮寄给对方，请他签字确认后再寄回。

6. 上门催款

到了合同规定的收款日，上门的时间一定要提早，这是收款的一个诀窍。

登门催款时，不要看到客户处有另外的客人就走开，一定要说明来意，专门在旁边等候，这本身就是一种很有效的催款方式。因为客户不希望他的客人看到债主登门，这样做会搞砸他别的生意，或者在亲朋好友面前没有面子。在这种情况下,只要所欠不多,一般会立刻还款,打发你了事。

收款人员在旁边等候时,还可听听客户与其客人交谈的内容,并观察对方内部的情况,也可找机会从对方员工口中了解对方现状到底如何,说不定你会有所收获。

7. 超过额度停止发货

这样做是为了防止客户倒债,给公司造成损失。这要求给每个客户限定一个信用额度(赊卖到某个程度的限度)。比如,某个客户的信用额度为一万元,但他欠公司的钱达到一万元后,他如果还要向公司订货,公司就应该拒绝。只有当他结清账款后,才继续给他发货。

8. 强硬对待

对于付款情况不佳的客户,一碰面不必跟他寒暄太久,应直截了当地告诉他你来的目的就是专程收款。如果收款人员吞吞吐吐,反而会使对方在精神上处于主动地位,在时间上做好如何对付你的思想准备。

一般来说,欠款的客户也知道这是不应该的,他们一面感到欠债的内疚,一面又找出各种理由要求延期还款。一开始就认为延期还款是理所当然的,这种客户结清这笔货款后,最好不要再跟他来往。

如果客户一见面就开始讨好你,或请你稍等一下,他马上去某处取钱还你(对方说去某处取钱,这个钱十有八九是取不回来的,并且对方还会有"最充分"的理由,满嘴的"对不起"),这时,一定要揭穿对方的"把戏",根据当时的具体情况,采取实质性的措施,迫其还款。

如果只收到一部分货款,与约定有出入时,你要马上提出纠正,而不要等待对方说明。

9. 发挥缠劲

销售员要有一定的缠劲。如果经过多次催讨,对方还是拖拖拉拉不肯还款,一定要表现出相当的缠劲功夫。到客户那里一定要做好打持久战的准备,有时坐在那里不走也很奏效。如果再有一些感人的表现,打动了客户那里的人,对客户造成压力效果更好。要注意:

不要感情用事。有的客户会套近乎："小张啊,我们一向感情好,平时我对你不错,这次放一马吧。"作为新手,常常就会碍于情面,但不能这样,要不为所动。

不能陷入圈套。客户会诉苦："现在手头比较紧,把你的结清了,明天就该破产了。"销售人员绝不能心软被骗。

丑话说在前面。必要的时候对客户说"如再不结款,我们会停止和你的业务。""如再不结款,公司就会起诉你们。""我今天来的目的就是要把货款结清,不结账我今天是不会离开的。你手头紧,我们手头比你更紧,你穷我们比你还穷。"

对方向我们作三次揖,我们要回对方四次揖,反正就是要结款。

或者在侦知对方手头有现金时,或对方账户上刚好进一笔款项时,就即刻赶去,逮个正着。

一系列软磨硬缠的功夫都不奏效时,就只有使用最后两个"杀手锏":一个是把货拖回去(如果还未销售的话),另一个就是请求法院强制执行。

10. 见好就收

如果你的运气好,客户给了钱,注意在收款完毕后再谈新的生意。这样,生意谈起来也就比较顺利。如果在一个付款情况不好的客户处出乎意料地收到很多货款时,就要及早离开,以免他觉得心疼。另外,要告诉他现在正是进货的好机会,再过 10 天就要涨价若干元,请速做决定以免失去机会等等,还要告诉他与自己联系的时间和方法,再度感谢他之后,马上就走。

催收货款的口才基础

回款既是销售人员平步青云的垫脚石,也是销售人员寝食难安的紧箍咒。

对于销售人员来说,销售成交并非代表任务完成,回款拿到手中才是根本。对于企业而言,资金是企业运行的血液,而销售回款则是血液的源泉,回款几乎决定着企业的生死命脉。销售人员面对的压力不仅是把商品销售出去，更重要的是能够把货款如期收回来。所以，作为一名优秀的销售人员不但要善于把产品推销出去，还应该懂得如何去催收货款。

决定讨款行为成功或失败的因素是多方面的，是十分复杂的，但是，大量的事实证明，讨款人的讨款口才技巧对讨款成败有着很大的影响。有些原本是很容易讨回的货款，却因不善于"说话"而宣告失败；相反，有些原本是很难讨到的货款，却因讨款人善"说"，而获得成功。

当然，这个"说"必须是针对不同的情况或不同的人而灵活运用的变换方式和技巧。那么销售人员该如何灵活地运用自己的口才，采取不同的方式和技巧，成功地催回债款呢？销售人员在去"说"服客户前应该做以下准备工作。

1. 做好催收货款的心理准备

销售人员在催收货款时的心态是发挥自己的口才技巧和催收能力的一个重要因素。一个人的思想很容易影响到他说话的语气、语言的选择，这是我们大家都明白的一个事实。

销售活动将销售至收回货款视为一个完整的循环，所以销售人员在面对将要收回的货款时，应该抱有这样一个信念：收回货款是正当的商业行为。

既然客户购买了产品，归还货款自然也是理所当然的事情，所以，销售人员应该抛弃那些不必要的心理负担，在催收货款时要尽量保持一种坦然的态度。

2. 催收货款的口才技巧基础

任何一个销售人员，哪怕你巧舌如簧，业务精通，但在催收货款这种工作中，也应该记住这样一个前提：还债是建立在对方有相应能力的基础上的。因此，在销售工作中，销售人员应遵循以下原则，才能为催款扫除不必要的障碍。

这些原则可以归纳为以下几点。

（1）充分调查对方的支付能力，选择能够按时缴款的客户。

(2)签订合同时,要清楚地向对方说明支付的时间期限。

(3)只顾自己利益的销售,是难以收回货款的根源。

(4)用金额计算客户的信誉度,无限制的赊销是导致死账的根源。

(5)松懈无力的要求只能涣散对方如期支付的义务感。

(6)议定收回资金的日期,就一定如期收回。

(7)对于和那些已经延期付款的客户再次交易要慎之又慎。

(8)对由于一时不便,延时付款的客户,要尽快进行支付资金的洽谈。

(9)对于已不可能付款的客户,要果断处置,以最大限度地减少损失。

在明白了以上的一些基本知识之后,销售人员应该认真地把握好,因为以上的任何一点都会直接影响到催收货款的效果。

把握催收货款的制胜因素

销售人员在催收货款时要抓住制胜因素。归纳起来,回款的制胜因素有以下几种。

1. 利

客户为什么愿意回款?很多时候客户能忍受厂家大力度的"吸款""压货",其实最根本的原因在于一个"利"字。

如果厂家品牌有一定的市场影响力,产品在渠道终端能顺利卖掉,能适应市场状况经常做些传播推广,能为商家提供良好的售后服务,不定期出台大力度的优惠政策,且派销售人员帮助商家做市场,客户就会积极回款以维护良好关系。

2. 理

很多时候,销售人员得把账给客户算清,道理给客户说透,给他找到回款理由,让客户"理"所应当地回款。

3. 情

客户都是在市场的"枪林弹雨"中发展起来的，不懂市场规则，是不可能获得现有地位的。销售人员要用真情去打动客户，从而在不知不觉中感化客户，使其主动配合你的工作。

在这方面，销售人员至少有三情可用：一是公司领导跟客户的情，即保持公司领导与客户沟通顺畅；二是销售人员跟客户的情，天天低头不见抬头见，人情做到了，事情也就迎刃而解；三是销售人员跟客户具体工作人员的情，尤其是采购和财务，千万别小看这些人，关键时刻，说不定就有画龙点睛之效。

4. 压

就是给客户制造一定压力。在品牌众多的市场上，很多时候，如果销售人员发现客户总是不把自己的品牌当回事，就应该适当地给他加加压。一种是"硬"压：不回款，就砍批发权、缩区域、扣返利、拖资源等。一种是"软"压：不回款，无论客户抱怨什么，想申请什么，不赞成也不反对，采取拖延战术。这么一来，客户自己就会清楚哪些地方做得有些过分，自然也就会适当收敛，赶紧回款。但要注意把握这种压力的"度"，过了头，就会伤害与客户的关系。

5. 迷

这也是那些经验丰富的销售人员惯用的一招。

一种是从"上"迷，例如，"公司产品即将涨价，别的区域客户都在抢货，你还不回款备货？""畅销型号都要断货了，你还不抢？到时别怪我，你就是拿钱给我，我都没货给你。""这个月你回80万元，下个月我打个专项报告，一定帮你把5 000元的运输补贴拿到手"，等等。

另一种是从"下"灌，例如，"这个月，我又给你开了4个网点，他们不久都要提货了。你还不打款，现在仓库里那点货哪够卖？"或者找几个关系较好的分销商，让他们给上游打电话要货，造成一时市场繁荣之象，或者设别的"套"，等等。

通过一系列上拉下推，督促客户回款。

6. 导

很多时候，客户并不是不愿意回款，而是怕进的货卖不掉，或者卖得太慢，资金周转不开挣不到多少钱。关键时候，销售人员要帮他们做些实实在在的事情，先帮其把产品分销出去，把下游的钱收回来，再让客户回款。

唯有如此疏导，整个销售渠道和体系才能处于良性的运营中。

7. 挤

客户的流动资金本来就不多，销售人员要说服客户给竞争品牌少投点，把资金抽出来投给本品牌。客户的资金被你占用得越多，你就越主动。更何况，你不占用客户的资金，别的品牌也会下手。

8. 激

把握客户心理，激发其危机感，促使其尽早回款。回款工作中，客户一个普遍心态就是等、观、拖。如果销售人员能在适当的时机、适当的场合"激"一下客户，很多时候也会有意想不到的效果。

9. 纵

打破常规思路，欲擒故纵，将市场和客户掌握在手中。品牌较为强势时，客户回款没有达到要求，销售人员可以故意摆出拒收票据的姿态，让客户承受巨大压力，以免客户开了一次坏头，以后将麻烦不断。

再如，客户出款一般都在月底，此时各品牌都在激烈拼抢，销售人员若能换个思路，改为月头收一部分，月中收一部分，月末再去收一部分。这么做，回款风险将会小得多。

机智应对欠款人的借口

在生意场中，销售人员要学会识别欠款人的借口，在催款之前，预先做好对付各种借口的准备。美国企业家C.S.Frischer总结了10条欠款人常用的借口和应对方法，很值得借鉴。

1. "由于电脑故障，我们无法立即打印支票"

当欠款人说他们的电脑失灵时，就应当能够准确地说出何时将有人来修理。电脑修好后，销售人员再打电话去催款，不要让这个期限超过两天。

2. "我从未见过这项产品（或服务）的账单"

幸好有现代技术的帮助，只需要拨个电话，销售人员就能把清晰的发票传真给欠款的客户。

3. "我们只能根据发票的原件付款，传真件不行"

在 95% 的场合，销售人员都可以认为这是借口。这个借口在法庭上是站不住脚的。销售人员应该给欠款公司送去发票的另一份原件，还需要向对方说明，一旦收到原件，立即付款。

4. "支票已经在邮寄途中"

首先，要弄清楚欠债人发出支票的确切时间，以及是否寄往正确的地址；其次，要了解支票是怎样寄出的。在支票发出两个星期以后，如仍未收到，则要求对方取消这张支票，重新签发另一张支票。

5. "我们遇到了严重的现金周转问题"

销售人员必须尽快找出该公司出现现金周转问题的确切原因，这类公司可能没有足够的资金付清所欠全部款项，但他们肯定能偿还部分欠款。这样，可以制订一个还款计划，同对方约定时间能够付清余额。

6. "我们一个月后将收到一张大额支票，届时就可以偿付你的全部款项"

销售人员绝对不要相信这个借口。这些欠款人要求你安心等待一个月，如果你同意了，只不过是多给他们一个月时间编造另一个借口。

7. "我们对发票有争议"

没有哪一家公司从不出错，然而，如果只是在打电话催款的时候听到了这种抱怨，欠款人很可能是利用发票来拖延时间。这种说法是站不住脚的。

8. "我们对这项产品（或服务）有争议"

销售人员可以向客户提问他抱怨的是什么，他从什么时候开始对产品或服务不满，是否向你的哪位同事表示过，如果他记不清楚，就进一步提问细节问题，再据理力争，收回欠款。

9．"我们在等候批准"

弄清楚需要谁批准这份账单，为什么仍未批准，什么时候能够批准，告诉他过了期限所要承担的后果。

10．"我们公司在90天之内付清"

这个借口通常出自大公司。这些公司一般都是能够付款的好客户，只不过要按照他们的时间表，打电话给对方的当事人，说明你们自己的苦衷，他们的时间表也不是一成不变的。

王老板："小张，你们最近到底有什么好的政策？"

小张："你不说，我还忘了，这个月政策没什么变化。以后不要道听途说，搞得那么紧张。"

王老板："那现在的政策到底是什么？"

小张："还是每个月返利，按照这个阶梯来返。"小张边说边递上表格。

王老板："刘经理还在干吗？这个政策是不是他定的，好久没有看到他了。"

小张："还是经理，不过也有些官僚了。"

王老板："谁当了领导都这样，不信你试试？"

小张："还要你支持我才行呀，你不上量，我怎么能上去？"

王老板："哈，要上量还不容易？多做促销不就行了，我是靠你吃饭的。"

小张："促销，应该怎么搞？这个月你还差5万元就能达到返利最高要求了，王总，多可惜？"

王老板来了兴致："是啊……可是……要不这样，我再回款10万元，你看看能否再为我多争取点促销费用，让销量'火上浇油'烧一把？"

小张："王总，款子办好了吧，我马上过去拿？"

王老板："款子，我给财务讲了，不知办得怎么样了？"

小张："呵呵，王总啊，公司大了，人员也难管理了。"

王老板："小张，这话什么意思？"

小张："没什么，办款这样的小事还要你亲自去问，不主动给你汇报。"

王老板："小张，和你开个玩笑，款子已经办好了，促销政策给我争取得怎么样了？你马上到我们公司来拿。"

几天后，小张再次来到经销商王老板办公室。

小张："王总，怎么只有8万元啊？"

王老板："小张，真不好意思，昨天公司账上只有6万元现金，我还是借钱才凑到8万元，你要理解我啊，小兄弟。"

小张："我已经给领导打过包票了，我担心领导看到款子会不高兴。"

王老板："是吗？我给刘经理打个电话，不就差2万元吗？又不伤大雅。"

小张："那就好，这样我就省心多了，你也应该多和我们领导聊聊天。"

王老板给小张的领导刘经理打电话。

王老板："你好，刘总，我是创新实业的老王。"

刘经理："王总，好久不见了，真对不起，好久没去看你这位老大哥了，不会兴师问罪来了吧？"

王老板："怎么敢？刘总，就是打个电话增进感情。和你商量件事，不知小张和你讲了没有，就是关于回款和促销的事情。"

刘经理："回款和促销的事情，出了什么纰漏？小张给我打包票说你一定能再回款10万元，难道……"

王老板："没什么大事，汇票小张已经拿走。刘总，你也知道，我这个月已经连续回款50万元了，压了一仓库的货，请你帮帮忙，多给些促销支持。"

刘经理："王总啊，促销的事情，小张会给安排好的，放心吧。"

结果，王老板在第二天就把2万元打到了小张所在公司的账户上了。

就这样，小张通过挤压的方法有效地争取到了王老板的回款，同时督促其落实。当王老板少了2万元没兑现时，抓住关键找王老板解决。同时刘经理又把王老板谈起的关于促销的事情，反推给王老板去找小张解决。王老板8万元的汇票已被小张拿走了，如果现在因为2万元钱而损失促销支持就得不偿失了，所以只好再回款2万元补齐。

Chapter 10
聪明人如何与客户交朋友

乔·吉拉德是美国历史上最伟大的汽车推销员。在他刚刚任职不久时，有一天去殡仪馆，哀悼他的一位谢世的朋友的母亲。他拿着殡仪人员分发的弥撒卡，突然想到了一个问题：他们怎么知道要印多少张卡片。于是，吉拉德便向做弥撒的主持人打听。主持人告诉他，他们根据每次签名簿上签字的人数得知，平均来这里祭奠一位死者的人数大约是250人。

不久以后，有一位殡仪业主向吉拉德购买了一辆汽车。成交后，吉拉德问他每次来参加葬礼的平均人数是多少，业主回答说："差不多是250人。"又有一天，吉拉德和太太去参加一位朋友家人的婚礼，婚礼是在一个礼堂举行的。当碰到礼堂的主人时，吉拉德又向他打听每次婚礼有多少客人，那人告诉他："新娘方面大概有250人，新郎方面大概也有250人。"这一连串的250人，使吉拉德悟出了这样一个道理：每一个人都有许许多多的熟人、朋友，甚至远远超过了250人这一数字。事实上，250只不过是一个平均数。

对于推销人员来说，如果你得罪了一位客户，也就得罪了另外250位客户；如果你赶走一位买主，就会失去另外250位买主；只要你让一位消费者难堪，就会有250位消费者在背后使你为难；只要你不喜欢一个人，就会有250人讨厌你。

这就是吉拉德的"250定律"。由此，吉拉德得出结论：在任何情况下，都不要得罪，哪怕是一个客户。

所以要建立良好的客户网络，与客户成为知心朋友。

售后跟进服务的注意事项

在计划跟进服务时，除了要考虑怎样用不同方法配合不同的顾客及不同的购物内容外，还要顾及其他因素。

1. 是否跟进

首先要确定的是，这位顾客是否需要售后跟进服务。在这里你要弄清楚的是并非顾客买什么商品都要有售后服务的。你不必向一位刚买了一支0.9元圆珠笔的顾客查询，他是否满意他买到的笔。但是，如果那位顾客告诉你，他买这笔是作为试用，如果觉得好用，他以后会大批量采购。这时，你才需要进行跟进的售后服务。

2. 某些商品价值较高

如家具或者计算机等，易在运送途中出现损毁现象。因此，顾客买了这类商品之后，售货员要向顾客查询商品是否安全到达。但这些查询要在送货之后进行，不要在送货之前。

你还可以提问顾客送货员是否有礼貌，以及是否小心处理商品。因为送货员的良好表现，也是你们取得顾客信任的因素之一。

3. 精明地致电

并非每个顾客都愿意在繁忙时接听售货员打来的电话。因此，服务员要确定一宗交易实在有必要用电话进行售后跟进，才可以这样做，并要选择最合适的时间与地点。

大多数电话销售人员会选择在晚饭时间打电话，因为他们知道在该段时间，多数人都会在家。实际上很多顾客都讨厌在晚饭时间受到这样的打扰（除非顾客特别指明要你在晚上致电给他）。

最好是在白天打电话，如有需要就留下口信。在大多数情况下，留下这样的口信，人们很容易接受。请看下面的例子。

售货员："我是 Computer store 的泰莱，想确认一下您订的个人计算机是否已送达。我很高兴能帮助您选择一个适合您的计算机。如果计算机已送达，并且没有什么问题，则不必回复。但如果您的计算机或软件有任何问题需要我效劳，请致电 1234－5678。"

这样的跟进服务，既把控制权交到顾客手上，又不致令顾客产生不必要的压力。

4. 保持专业水准

偶尔给你的熟客寄出明信片，是维持你与顾客关系的非常有效的方法。你可用手写明信片以示亲切，但不要太急于表示和顾客很熟悉以致写上了令他觉得不安或不恰当的东西。例如，你可以写给安妮说，希望她所买的婚纱、鞋子，在婚礼中穿着时觉得舒适。但你不要在明信片上问她，在招待宾客时是否喝了太多的香槟。

采用明信片与顾客联系时必须谨慎，因为内容可能被他人看到。例如，如果你要跟进服务的是一宗购买礼品的交易，你便要采用加信封的明信片。

5. 不要造成打扰

不要给你的熟客寄出大量明信片，打过多电话，令对方不胜其烦。与顾客保持联系时，必须让顾客感到愉快。一宗交易之后，给顾客发出一则简短的致意便条，是可以接受的。也可以间歇与顾客联系，把你觉得有用的信息送上，如大减价通知、推广活动日程等。当然这不代表你可以在顾客的门前守候、在顾客的汽车挡风玻璃上留致意便条。

6. 以顾客最佳的利益为重

大多数商家都会做广告宣传减价或进行其他推广活动，但顾客不一定注意到这些广告。顾客常会喜欢收到明信片提醒他们有重要的活动、提醒他们在圣诞节可优惠购物，或者提醒他们生日在卖场购物有优惠，这些都会给顾客以特别的感受，让顾客体会到你是为他们最佳的利益着想。有你亲手写出的致意文字，亦可能促使他们经常光临你的卖场。

7. 保持珍贵的联系

要了解顾客及准备好顾客的资料记录。利用你的顾客资料系统，把顾客所要求的及有兴趣的商品记录备案。如果你的卖场当时未能提供这些商品，那么，等这些商品一到货，你要通知你的顾客。就算顾客不再需要那些商品，他通常也会感谢你的关注。

客户投诉的原因大盘点

当顾客购买商品时，对商品本身和企业的服务都抱有良好的愿望和期盼值，如果这些愿望和要求得不到满足，就会失去心理平衡，由此产生的抱怨和想"讨个说法"的行为，就是顾客的投诉。那顾客投诉有哪些原因呢？

1. 商品不好

（1）商品质量不好，如：①休闲装遇到汗水变色；②裙子上有染斑；③生鱼肉或鱼干不新鲜；④罐头内有异物。

（2）商品标示不全，如：①毛衣上未标示品质成分；②按照商品标示的方法洗涤却褪了色。

（3）制造上的瑕疵，如：①西装的袖子上有裂痕；②西装纽扣未缝紧，容易掉落。

（4）污损、破洞，如：①衬衫上有污点；②有的玻璃杯已经破裂。

商品质量不好可以从三个方面寻找责任：制造商的制造责任、零售店的管理责任以及消费者的使用责任。

2. 服务方式不当

这里所谓的"服务方式"是接待顾客的服务方式。商店出售的商品属于硬物质商品，而"服务"就是"精神商品"，可见"服务"的好坏，与商店的兴盛与否有着极密切的关系。

（1）应对不得体。顾客对商店的服务不满大多是因销售员在应对上不得体而产生的。应对的方式与个人的日常习惯、教育水准都有关系，因此，要矫正销售员的应对态度必须下一番苦心才行。

（2）态度恶劣，如：①不管顾客的反应，一味地说明；②化妆浓艳，使人不快；③只顾自己聊天，不理会顾客招呼；④紧跟在顾客身后，唠叨怂恿顾客购买；⑤顾客不买时，马上板起面孔。

（3）用字遣词不当，如：①不会打招呼，也不懂得回话；②说话没有礼貌，过于随便。

（4）劝卖方式不当，如：①强迫顾客购买；②对于商品的相关知识不足，无法解答顾客提出的疑问；③不愿意将展示柜中陈列的精美商品拿出来供顾客挑选。

（5）商品标示与内容不符，如：①标签上标示的信息与购买物品不同；②购买数量与实际不符；③商品的使用说明不够详细，用了没多久就坏了；④说明不实，以至于买错了商品。

（6）金钱上的疏忽，如：①给顾客少找了零钱；②算错账，向顾客多要钱。

（7）礼品包装不当，如：①忘了撕下价格标签，使客人丢脸；②弄错了贺卡。

（8）不遵守约定，如：①顾客依照约定的日期前来提货，却发现商品还没有订购；②顾客要求把裤管往上裁缝，可是过了一星期却还没弄好。

（9）运送不当招致抱怨，如：①送货送得太迟；②送错地方；③商品有污损。

此外，在超市买东西时经常会有付完钱后又被要求再付一次，或是根本没有买那样商品却被要求付款的情况发生。这些举动都可能使顾客感到羞辱而产生强烈的不满。

处理顾客投诉的技巧

经验不足的销售员在面对顾客投诉时常会使其惊慌失措，不知如何应对。销售员接到由于自己公司的错误，给对方带来麻烦的电话时，即使错误和职员本身并无直接关系，也需诚心诚意地向对方道歉。这时，需掌握一个技巧，即诚恳地听完对方的抱怨。

一般人都希望顾客投诉能够尽早结束，所以当对方滔滔不绝地抱怨时，经常会打断对方，而不耐烦地辩解，这是失礼的态度。真正的应对方法是，即使对方有所误会，也应先静静地听完对方的怨言，再提出解释说明，或澄清误会。

一个机灵的销售员，应能立即作出技巧性的反应，诚恳地听完对方的叙述，以累积应对经验、培养技巧，这是一个重要的课题。处理抱怨有六大步骤。

1. 开场白

这一步的目的是要消除对方的疑虑，让他们对你的工作能力感到放心。

你应该诚挚地对待每一位投诉的顾客，即使对方的火气再大，抱怨程度再高，你也应该和颜悦色地接受对方的抱怨，这是一个销售员的专业素质。要注意的一点是，你不要急躁，应该语言清晰地与之交谈，你需要亲切地称呼对方的名字，这有助于增强你的亲和力，同时也表明你是一个专业人员，给对方一种找对人的感觉。最重要的是你要学会体谅对方的感受，如果你对每一次抱怨都能感同身受的话，在处理投诉方面，你就会增加一些有益的经验了。

你需要牢记的是，不要与对方争辩，更不应该言辞激烈，甚至说出一些带有攻击性的话。在你赢得一场争论的同时你就失去了一位顾客。按照乔·吉拉德的"250定律"，你或你的公司也将会失去250个潜在客户。

这样说比较好:"下午好,张先生,我是文化公司的刘景。听说您昨天在我公司买的一套资料根本无法阅读,我感到非常抱歉,这一定让您很苦恼和失望。"

2. 提出问题以获取信息

这一步是通过提出问题弄清打电话人的真实感受。

你要直截了当地提出问题以找到问题的根源。对对方的问题要给予积极的答复。你不要给对方留下听起来很急躁并且疲惫不堪的印象,这会让对方觉得你没有诚意,并且加深了对公司的坏印象。

这样说比较好:"张先生,您能告诉我那盒录音带是什么样的状况吗?"

3. 聆听、回应并思考

这一步最重要的就是要让投诉的顾客感觉到你明白他们的处境,并能够体会他们的失望甚至是愤怒的心情。

一般地,投诉顾客首先要发泄心中的不平乃至愤怒,这个时候你需要倾听。然后总结一下对方所提出的问题,如果能够简要地重述对方问题的要点,以表示你在认真地听,对谈论的问题也能够理解,这有助于一步步地消除他们心中的怒火。

这样说比较好:"我明白您兴冲冲买回的资料无法使用的失望,而且等我们把新的资料邮寄到您家需要一个星期的时间,这真是让人不愉快。"

4. 提议其他选择

提出一个互相都可以接受的解决方案,这样既可以维护顾客的尊严,令他们满意,又可以让你的公司接受。规定一个双方都可以作出的让步界限。

你首先提出一个临时方案,接着说明这个方案对对方的好处。你需要注意的是,在提出这个建议的时候,你的措辞最好直截了当。这会给人留下一种真诚为对方着想的印象。你不要引用先例,更不能给顾客施加压力,应想方设法用代替方案满足对方的要求。你不可以要求对方从你的角度看问题,因为顾客是你的"衣食父母",他们没有责任和义务从你的角度看问题,而且,你又有什么资格提出这样的要求呢?

这样说比较好："张先生，如果我们的代理商在一个合适的时间去您那里给您换一盘录音带，您认为怎么样？如果行的话，我们现在就安排一个合适的时间，考虑到给您带来的不便，我们还会给您适当的赔偿。"

5. 达成一致

这一步的目的就是力求你所作的让步是一个让顾客可以接受的最合适的让步。

你需要有一个比较完整的交涉过程。在交涉过程中，你需要从低起点开始，但是要有抬高的准备。在交涉过程中，当对方感到不满意时，要能够表示理解。

你不要立即就作出最大的让步，这会助长对方贪得无厌的心理。同时，你也不要给对方施加压力，对他们提出的无理要求，要巧妙地暗示对方：你的要求是没有道理的。

这样说比较好："张先生，我完全同意您的观点，新买的东西无法使用确实令人讨厌。我想您也知道，如果因为一盘录音带有问题，而把整套录音带退还给我们，这会耽误您学习它的时间，我觉得这样做是得不偿失的。您认为整套换好还是换一盘好呢？"

6. 最后确定

这一步主要是重复一遍协议的细节，让你的职业精神和你本人给对方留下深刻的印象，从而保住这位客户对公司的信任。

在结束之前，向对方核实一下细节，告诉他们下一步会怎样，如果以后再遇到这种情况应该怎么做。最后，重复一下你自己的名字以加深对方的印象，并告诉对方以后如何跟你联系。

在售后中客户关注的问题

顾客理想中的售后服务并不是简单的质量保证，随着购物理念和维权意识的提升，更多的顾客将售后服务作为购物的主要因素考虑，而且售后服务也成了商家竞争的内容。那么，顾客是如何看待售后服务的呢？一般来说，顾客对一个产品的售后服务有以下要求。

1. 产品质量问题

这是顾客关注售后服务的关键，也是作为消费者所依法享有的权利和应该得到的尊重，商品由于其不同属性所带来的售后保障也不一样，而顾客关注的焦点正在此。另外，在产品质量问题上顾客也会关注退换货的一系列问题。

2. 产品运送问题

如果购买了大件的商品，顾客就会十分关注运送问题。这里不但涉及费用，也会涉及运送安全问题。不论采用何种方式运送产品，顾客的产品应该是包装完整，附件齐全的。

3. 支付问题

现在比较常用的支付方式有：网上支付、邮局汇款、银行电汇等。这只是一个简单的方式问题，而这里要讲的是顾客更关注的是一次付清和分期付款的问题，这两种方式有很大的差异，这也应该作为谈判内容事先协定好的。

4. 特色服务

每一位顾客都希望自己的消费能带来更多的利益和更多的服务。

5. 使用安装问题

在售后里也包含这一项，有的商品是需要上门安装的，然后再交给客户使用。在给客户讲解的过程中，一定要告诉客户在使用该商品的时候应该注意的一些问题，以及出现什么样的问题后，该怎样解决。

在一个完整的销售过程中，客户是比较看重售后的，以上为大家列举的五点就是客户比较关注的问题，希望对每个销售员都有所帮助。

为客户提供满意的服务

一些老板经常诧异地说:"不久前与客户的关系还好好的,一会儿'风向'就变了,真不明白。"客户流失已成为很多人在做生意时所面临的尴尬,他们大多也都知道失去一个老客户会带来巨大损失,也许需要再开发十个新客户才能予以弥补。但当问及客户为什么流失时,很多老板一脸迷茫,谈到如何防范,他们更是诚惶诚恐。

客户的需求不能得到切实有效的满足往往是导致客户流失的最关键因素。一般来讲,你应从以下几个方面入手来堵住客户流失的缺口,为客户提供满意的服务才是真谛。

1. 实施全面质量营销

顾客追求的是较高质量的产品和服务,如果我们不能给客户提供优质的产品和服务,终端顾客就不会对他们的上游供应者满意,更不会建立较高的顾客忠诚度。因此,企业应实施全面的质量营销,在产品质量、服务质量、客户满意和生意盈利方面形成密切关系。

另外,在竞争中为防止竞争对手挖走自己的客户,战胜对手,吸引更多的客户,就必须向客户提供比竞争对手具有更多"顾客让渡价值"的产品。这样,才能提高客户满意度并加大双方深入合作的可能性。为此,你可以从两个方面改进自己的工作:一是通过改进产品、服务、人员和形象,提高产品的总价值;二是通过改善服务和促销网络系统,减少客户购买产品的时间、体力和精力的消耗,从而降低货币和非货币成本。

某老板为了更好地吸引客户,将销售收入的3%用于新产品的研制开发,生产市场上有良好需求的产品,还投入了大量的费用改进产品的各种性能,提高产品的价值。而且把全国市场划分为华东、华西、华中、华南、华北五个部分,出资建立了五个仓库,每个仓库都配备专门的送货车。另外,承诺客户不管什么时间要货，只要一个电话，保证 24 小时内送到。这样就解决了客户缺少货源问题，节省了货物运输的时间、费用，客户购买产品的成本大大降低，受到众多客户的好评，这位老板的企业当年的销售额就比往年增加了 23.5%。

很多人在做生意的时候为了发现自身存在的问题，经常雇一些人，装扮成潜在顾客，报告潜在购买者在购买公司及其竞争者产品的过程中发现的优缺点，并不断改进。

著名的肯德基快餐店就经常采用这种方法。肯德基的子公司遍布全球60多个国家，有 9 900 多个，但如何保证它的子公司能采用相同的标准呢？一次，上海肯德基某分公司收到了 3 份总公司寄来的鉴定书，对他们外滩快餐厅的工作质量分 3 次鉴定评分，分别为 83 分、85 分、88 分。分公司中外方经理都为之瞠目结舌，这 3 个分数是怎么定的呢？原来，肯德基雇用、培训一批人，让他们装扮成顾客潜入店内进行检查评分，来监督自身完善服务。

这些"购物者"甚至可以故意提出一些问题，以测试企业的销售人员能否适当作出处理。例如，一个"购物者"可以对餐馆的食品表示不满意，以试验餐馆如何处理这些抱怨。企业不仅应该雇用"购物者"，经理们还应经常走出他们的办公室，进入他们不熟悉的企业以及竞争者的实际销售环境，以亲身体验作为"客户"所受到的待遇。经理们也可以采用另一种方法来做这件事，他们可以打电话到自己的企业，提出各种不同的问题和抱怨，看企业的员工如何处理这样的电话。从中，我们很容易发现客户的流失是不是由于员工的态度而流失，发现公司的制度及服务中存在哪些不足，以便改进。

2. 善于倾听客户的意见和建议

客户与你的企业间是一种平等的交易关系，在双方获利的同时，你还应尊重客户，认真对待客户提出的各种意见及抱怨，并真正重视起来，才能得到有效改进。在客户抱怨时，认真坐下来倾听，扮好听众的角色，有必要的话，甚至拿出笔记本将其要求记录下来，要让客户觉得自己得到了重视，自己的意见得到了重视。当然仅仅是听还不够，还应及时调查客户的反映是否属实，迅速将解决方法及结果反馈给客户，并提请其监督。

客户意见是企业创新的源泉。很多老板要求其管理人员都去聆听客户服务区域的电话交流或客户返回的信息。通过倾听，我们可以得到有效的信息，并可据此进行创新，促进企业更好地发展，为客户创造更多的经营价值。当然，还要求企业的管理人员能正确识别客户的要求，正确地传达给产品设计者，以最快的速度生产出最符合客户要求的产品，满足客户的需求。

3. 建立强有力的督办系统，迅速解决市场问题，保证客户利益

如串货问题导致客户无利可图，你应迅速解决。某分销商是 A 品牌在东南地区的销售大户。有一段时间，该分销商为谋取年底丰厚的扣点返利，自恃在 A 品牌销售体系中的销售地位及预期利润回报，开始以低价向邻近省市串货，给相邻的经销商带来了很大的损失。A 品牌及时发现了该经销商"图谋不轨"的行为，并果断采取了断货的措施。除此之外，还以年终扣点向该分销商提出了严厉的警告。没想到 A 品牌会动真格的，该分销商眼见自己的大批下游客户因拿不到货倒戈相向、另投明主，迫于内外交困的言论，迅速恢复了正常的区域分销及价格体系。而 A 品牌为了保证其他客户的利益，承诺承担因串货而导致的损失，有效防止了客户的流失。

定期派出业务人员到市场上进行巡查，一旦发现串货迹象，要及时向企业反映，以争取充足的时间来采取措施控制串货的发生，从而降低经营风险。因为，在很多情况下，猖獗的串货往往致使客户无利可图，最后客户才无奈放弃产品经营。

对串货的监督是必要的，而对业务员来说，检查客户在有关如何使用产品方面是否得到了适当的指导、培训和技术性的帮助也是其职责。

4. 建立投诉和建议制度

95% 的不满意客户是不会投诉的，仅仅是停止购买，最好的方法是要方便客户投诉。一个以客户为中心的企业，应为其客户投诉和提建议提供方便。许多饭店和旅馆都备有不同的表格，请客人诉说他们的喜忧。宝洁、通用电器、惠而浦等很多著名企业，都开设了免费电话热线。很多企业还增加了

客户资源管理软件，或一套外贸业务管理软件，来实施客户资源管理。

对于中小出口企业来说，自己或委托别人建立一个客户数据库，将最近2～3年中的历史数据整理出来并同时录入电脑，为满足将来公司日益成长和发展的需要，通常应注意如下一些常识：

①将企业的实际应用与数据仓库解决方案联系起来；②良好的可扩充性；③确保数据质量：尽管企业的数据仓库解决方案越来越复杂，数据的精炼和存储管理工具也越来越丰富，但是数据的质量问题仍旧很严重。

与客户交朋友

博恩·崔西是世界一流的潜能大师，一流的效率提升大师，一流的销售教练。他的书籍被翻译成多种文字，他的训练帮助了千千万万的生意人。他的秘诀就在于：让客户成为自己的朋友。他相信，只有客户成为自己真正的朋友，他们才会真正地为你的生意着想，才有可能成为持续推动你的生意前进的重要力量。

那么，他是如何做到让客户成为自己的朋友呢？

（1）在客户身上投资更多的耐心，花更多的时间与顾客待在一起，为顾客设想，与顾客建立商业上的友谊。

博恩·崔西在和客户相处的时候，他绝对不会急着赶时间。他要向人表明，他愿意花足够的时间去帮助顾客作出正确的购买决定，他绝对不会对顾客没耐心。

（2）真诚地关怀客户。你越关怀客户，他们就越有兴趣和你做生意。关怀的感情因素是那么的强烈，往往使得价格、相对品质、交货效率、公司在市场上的规模，都敌不过它的威力。一旦客户认定你是真正关怀他和他的处境，不管销售的细节或竞争者怎么样，他都会向你购买。

（3）尊敬所遇到的每一个顾客。一个人有所为有所不为，都是为了博得你所重视的人对你的尊敬。一个人的骄傲、尊严、自我肯定，大部分都来自受到别人的尊敬程度。你越在意别人的意见，别人对你的尊敬程度就越会影响你的行为。

每当我们感受到别人的尊重，我们就会对那个人特别重视。假如有人尊敬我们，我们就会认为那个人比较优秀，比较有判断力，比较有内涵，而且个性也比较好。

（4）绝不批评、抱怨或指责顾客。绝对不要站在你的立场上批评任何人或任何事，不要恶言相向或批评你的竞争者。每当你听到别人提起竞争者的名字时，只要微笑地说："那是一个很不错的公司。"然后就继续做你的产品介绍。假如有人告诉博恩·崔西，他的竞争者是如何地批评他，他只会一笑置之。

（5）毫无条件地接受。希望能够被他人毫无条件地接受，是所有人重要的需求之一。你只需要用微笑，并且表现温和友善，就可以表达你接受他人的态度。一般人都喜欢和那些能够接受他们本性的人在一起，而不想受到任何评判和批评。

你越能够接受别人，他们就越愿意接纳你。

（6）赞同顾客。每当你称赞并同意他人所做的任何事，他就会感到快乐会变得更有精神。他的心跳会加快，会觉得自己很棒。当你在每个场合都竭力找机会对他人表示赞扬及同意的时候，你就会成为到处受人欢迎的人物。

（7）感谢每一个帮助过你的顾客。不管你感谢任何人所做的任何事，都会让彼此的自我肯定上升。你会让他觉得自己更有价值也更重要。

你一定要养成随时感谢他人所作所为的习惯，尤其要向那些会让你期望的好事连连不断发生的人，表达感谢之意。

（8）羡慕。每当你羡慕一个人的成就、特质、财产时，就会提高他的自我肯定，让他更得意。只要你的羡慕、赞同、感谢都是发自内心，别人就会因此而得到正面的肯定的影响。他们对你产生好感的程度，会相当于你让他们对自己及生活的满意度。

起来，建立起亲密的友情。在很多情形之下，这种亲密的人际关系确实能够为后续的合作铺平道路，顺利地转化为生意关系；然而，在大多数情形下，出现这种情况却是弊大于利。

（1）过度亲密的人际关系有可能使商务关系受损。友谊为双方都带来了不言而喻的责任。朋友之间就要始终互相关照，互相帮助，在商务中建立的友谊也不例外。你也许会认识一些人，他们与某些客户交往甚密。他们的产品总是能在客户发布的广告中得到特别推荐，在商店里摆在特别显眼的位置。这确实很好，但却可能要付出代价。这种友谊大多数是短暂的。如果客户换了工作、被解雇或退休了，而你却依然沿用以前的操作方式，关系就会以不愉快而告终。

一旦建立了友谊，有些销售人员就会把这些商场中的朋友视为当然的客户，也就不再一如既往全心全意地提供服务。客户方面会立刻感觉到这种懈怠，但是为了维持友谊，他们很少把自己的失望迅速反馈给这位新交，而往往是听任情况继续恶化下去。

反过来，客户方又将怎样回应呢？在这种情况下，买方常常会要求种种特别的优惠待遇，比如更大的折扣、优先购买权、宽松的退货条件与付款期限等等。如果你答应了诸如此类的要求，就会伤及公司及其他合作伙伴的利益。其他的客户或潜在客户就无法分享这些只有"朋友"才能享受的额外服务，长此以往，会给公司的业务带来相当的负面影响。而且，如果你拒绝朋友的请求，就肯定会对感情造成伤害，一旦出现意想不到的状况的话，很可能连朋友都没得做了。

（2）会给公司带来昂贵的交际成本。你在和客户朋友交往的过程中通常会负担全部的娱乐交际花销，而且向关系密切的客户提供第一流也是最昂贵的娱乐节目。这些客户也就逐渐习惯于享受最好的待遇。

大多数时候，你都会对交际费用设定一个上限，一般会是总销售额的 0.25%~0.5%。比如一位客户的月均购货额为 5 万元，按规定，你每月花费在这个客户身上的钱就不能超过 250 元。在现在的社会中，这笔钱大约只够支付 4 人外出吃一顿普通的晚餐，或几顿工作午饭、也许再买一件小礼物，根本不可能进行一些档次较高的交际活动，例如打一次高尔夫球等。但是客户方代表却未必了解这些。他们可能提出超过你承受能力的要求。要亲口告诉一位朋友，凭他（她）这样的客户，公司每月只能拿出 250 元来应酬，试问你能说得出口吗？

与商界的朋友应酬或者与客户培养友情并没有错，但是如果这种关系过于密切就不妥了，明智的做法是与客户保持一定的距离。应当设定一个界限，保持一点严肃和尊敬，并且明确双方的角色。如果这种关系处理不好，就很可能会出现不幸的局面。

（3）与某些客户过度亲密的交际会造成关系的难以平衡。你一旦与某个买家建立了牢固的友谊，行业内的人们很快就会知道。你说其他的客户对这种友谊会怎么看呢？帮助朋友、以最优惠的价格给朋友提供最好的产品与服务是顺理成章的事情。你在公司的竞争对手会不会知道呢？当然会。只要你在生意上为朋友提供了优惠的服务，其他人就一定会知道。即便你没有给朋友优惠，他们仍然会认为你的朋友占了便宜，你会两边不讨好。

与朋友做生意同普通客户一样，你有时必须向对方施加压力，争取更大的订单，催缴货款，甚至以某种理由拒绝送货。比如说，你要求买方增加订货量，而买方可能会把这个要求当作笑谈置之不理。无论他们的要求多么强烈，客户方也不再认真地对待这些朋友。这样一来，同样会引起你的强烈不满。你期望这些朋友在需要时拉自己一把，但有时却办不到。所以，一定要划清友情和商务的界限。在生意场上与个人生活中一样，广交朋友是件好事。但是，绝不能把个人友谊与商务关系混为一谈，让友情影响到商务关系。要理解你的客户朋友工作的环境以及种种约束，同时也要让他们了解到你的难处。